中国现代作家青春剪影丛书

修订本

书有独钟
钱锺书

张俊——著

时代出版传媒股份有限公司
安徽教育出版社

图书在版编目（CIP）数据

书有独钟：钱锺书 / 张俊著. —修订本. —合肥：安徽教育出版社，2022.12

（中国现代作家青春剪影丛书）

ISBN 978-7-5336-9652-8

Ⅰ.①书… Ⅱ.①张… Ⅲ.①钱锺书(1910-1998)—生平事迹 Ⅳ.①K825.6

中国版本图书馆CIP数据核字（2022）第030027号

书有独钟　钱锺书

SHU YOU DU ZHONG　QIAN ZHONGSHU

出　版　人：费世平
统筹编辑：周　佳
责任编辑：时　沂
装帧设计：王莉娟
美术编辑：吴亢宗
责任印制：陈善军

出版发行：安徽教育出版社
地　　址：合肥市经开区繁华大道西路398号　邮编：230601
网　　址：http://www.ahep.com.cn
营销电话：(0551)63683012,63683013
排　　版：安徽时代华印出版服务有限责任公司
印　　刷：安徽联众印刷有限公司

开　　本：880 mm×1230 mm　1/32
印　　张：7
字　　数：140千字
版　　次：2022年12月第1版　2022年12月第1次印刷
定　　价：28.00元

（如发现印装质量问题，影响阅读，请与本社营销部联系调换）

青春剪影出一首首梦的歌（代序）

傅光明

鲁迅《呐喊·自序》的开篇第一段话是："我在年青时候也曾经做过许多梦，后来大半忘却了，但自己也并不以为可惜。……这不能全忘的一部分，到现在便成了《呐喊》的来由。"紧接着，他回忆起儿时家庭从小康坠入困顿，这样的苦涩经历使他从中得以看见世人的真面目，继而要"走异路，逃异地，去寻求别样的人们"。

从他睁开眼看世界，他便有了梦，很美满的一个梦——到日本，学医，救治像他父亲一样"被误的病人的疾苦，战争时候便去当军医，一面又促进了国人对于维新的信仰"。直到课堂上放映关于日俄战事的画片，"忽然会见我久违的许多中国人了，一个绑在中间，许多站在左右，一样是强壮的体格，而显出麻木的神情。据解说，则绑着的是替俄国做了军事上的侦探，正要被日军砍下头颅来示众，而围着的便是来赏鉴这示众的盛举的人们"。

这个故事本身已具有经典性，不仅如此，相信凡熟悉鲁迅的读者更喜欢咀嚼接下来的这一小段文字，因为它是鲁迅作家梦开始的地方："医学并非一件紧要事，凡是愚弱的国民，即使体格如何健全，如何茁壮，也只能做毫无意义的示众的材料和看客，病死多少是不必以为不幸的。所以我们的第一要著，是在改变他们的精神，而善于改变精神的是，我那时以为当然要推文艺，于是想提倡文艺运动了。"

这时，他又开始做好梦了。从仙台辍学回到东京，他邀几位朋友一起办杂志，以期迈出文学的第一步。但这本取"新的生命"的意思而叫《新生》的杂志，在策划中便胎死腹中，梦也随之转瞬即逝了。

因梦无法实现而带来的寂寞，一天天地长大起来，"如大毒蛇，缠住了我的灵魂了"。然后是无端的悲哀和驱除不尽的痛苦，而麻醉的最好办法是"使我沉入于国民中，使我回到古代去"，让生命黯然销魂，直销到"再没有青年时候的慷慨激昂的意思了"。

就这样，在蚊子多的一个夏夜，已蛰居北京，在绍兴会馆里百无聊赖抄古碑的鲁迅，迎来了一个老朋友。这位"偶或来谈"的老朋友金心异，便是正协助陈独秀编辑《新青年》杂志的钱玄同。聊天中，一段石破天惊的对话呱呱坠地，并成为中国现代文学史上经典的里程碑式的思想意象：

> 假如一间铁屋子，是绝无窗户而万难破毁的，里面有许多熟睡的人们，不久都要闷死了，然而是从昏

> 睡入死灭，并不感到就死的悲哀。现在你大嚷起来，惊起了较为清醒的几个人，使这不幸的少数者来受无可挽救的临终的苦楚，你倒以为对得起他们么？
>
> 然而几个人既然起来，你不能说决没有毁坏这铁屋的希望。

由此，鲁迅发出"狂人"的呐喊，《狂人日记》不仅成为小说家鲁迅的起点，更成为中国现代白话小说的源头和丰碑。

可以说，鲁迅是在生命日渐消沉的时候才做起小说来！显然，是五四精神孕育出了鲁迅的新生，而鲁迅又给五四精神注入了别样的新鲜活力和深邃的思想光芒。那本在东京未出世就夭折了的《新生》雪藏起鲁迅的摩罗诗力，而一本在北京崭新的《新青年》却真的赋予了鲁迅新的生命——文学的、艺术的、精神的、思想的不朽生命。

简言之，一篇短短的《呐喊·自序》，已大致可以为鲁迅，同时也可把这样的梦影当参照，为许多现代作家，甚至为读者自己画一幅青春剪影了。

像鲁迅一样，世上所有的人，年轻时候都会做许多梦。醒来一个梦，再做下一个梦，有梦便有希望在，人生的过程就是在不断做梦寻梦。当然，悲哀时，又会感觉一如鲁迅所说，"人生最苦痛的是梦醒了无路可以走"。如果真的无路可走了，还是要做梦，回忆青春的梦。没有了梦，便只剩下了绝望。

这套书里的作家们，年轻时几乎无不是有着一个又一个的梦。郭沫若和鲁迅一样，早年赴日本留学时，学的是医学，后因受到荷兰哲学家斯宾诺莎和美国诗人惠特曼思想的影响，决心弃医从文；与郭沫若等一同发起成立"创造社"的郁达夫，留日之初，考入的是东京第一高等学校医部预科，后又改学过政治学、经济学；冰心在写她的《繁星》《春水》以前，就读于协和女子大学理科，向往的也是日后成为一名医生。

然而，任何一个梦想的实现，都需要付出巨大的艰辛、努力。一个人的青春岁月，时常是苦恼与快乐相伴、信心与茫然相随。正是在这个时候，已经长大了的青少年，会突然惊奇地发现，原来世间的事情是如此的复杂，连黑与白的界线都有可能变得不明晰和不确定起来，无法一下子认定的事情越来越多。这些对于作家来说，却又是不可或缺的人生经历和体验。

无论他们在年轻时做过怎样的梦，有一点是共同的，即读书、求知。他们大都有过在海外或留学，或进修，甚或流亡的经历；他们中的许多人至少懂得一门外语，像巴金、郁达夫、钱锺书、杨绛等，通晓的外语都在两门或两门以上。茅盾是在大革命失败后，流亡日本时，深度创作他的小说处女作《蚀》三部曲的。巴金的小说处女作《灭亡》写于巴黎，这之后，他的写作一发不可收。朱自清在出任清华大学中国文学系主任的前一年，曾在英国进修过语言学和英国文学，后漫游欧洲五国，才有后来写作的

《欧游杂记》《伦敦杂记》。艾青最初读的是艺术学院绘画系，后在赴法国勤工俭学时，边学绘画，边接触欧洲现代派诗人，最终成为诗人，而不是画家。在南开中学就开始参与戏剧活动的曹禺，初入南开大学，读的是政治系，转至清华大学西洋文学系才真正开始钻研戏剧，从古希腊剧作家到莎士比亚、契诃夫、易卜生、奥尼尔，孕育出了他的《雷雨》《日出》。

每个作家都有藏在他的文学梦背后的故事，这些故事对于启迪我们的人生智慧和精神思想，都是难得的知识营养。通过这些故事，我们知道，徐志摩最早没想过要成为诗人，他留学美国时，学的是经济，转去英国，是为了追随罗素，搞政治。当丁玲陷在生活的困惑之中，她做过画家梦，更做过电影明星梦。各自已有深厚的人生体验的川籍作家艾芜、沙汀，是在他俩相遇后，才一起走上文学路的。从湘西走出来的"乡下人"沈从文，学历只到小学，经过人生的许多坎坷沧桑，矢志不渝，最终成就了自己的文学梦。

对于今天的读者，已经成为历史的他们，在这个"剪影"里构成了一组混着一个又一个青春生命泪与笑的梦的合唱。如果能够从他们一串串的梦里找到自己，相信你的未来不是梦！

钱锺书

(1910年11月21日—1998年12月19日)

目录

第一章　大风过耳/001

第二章　翻天覆地/011

第三章　五色韶光（上）/022

第四章　五色韶光（下）/037

第五章　东林慧童/048

第六章　桃坞水暖/064

第七章　鸟入蓝天/076

第八章　始知发愤/090

第九章　寄情山水/106

第十章　诗学渐成/122

第十一章　秀在枝头/139

第十二章　亲师重文/154

第十三章　水木情话（上）/166

第十四章　水木情话（下）/180

第十五章　欢天喜地/191

第十六章　船出上海/203

第一章
大风过耳

清朝经过二百五十多年，国力衰退到了极点。内耗外侮使外强中干的清政府再也无力支撑。然而美丽富饶的江南大地，却仍维持着表面的繁荣。

这天，无锡城中热闹非常，无数的学子文人，穿梭往来于大街小巷。

"唉！"

一位布衣老人，不相信眼前的榜文，一再擦着眼睛。

"卢兄，何必长叹。"一位穿绸衫的青年，同情地看着老人。

"杨兄，你少年英才，前途无量。我这般年纪，还能干什么？考了一辈子，无缘啊！"

"无锡城，三千学子，学子三千，又哪能个个考中？"

"可我考了二十多次，总该中一回吧！"

老人说着，一边摇头，一边念叨着走去："名落孙山……名落孙山……"

青年一转身，忙捧起双手一揖。

"姚兄，怎么才来？"

"我早来过一次,没看见我的名字,回去越想越不对,想必是漏看了,故此,又转道回来,仔细看看。"

"小弟这次又没中,以后不想再考了。"

"不考了?那不是前功尽弃吗?"

"我回去就收拾行装,去南京报考新式学堂,然后出洋,去日本。"

"出国留洋?"

"对!你看这榜上,城中秦、钱、孙、杨、薛各大家族,只有钱家的子兰兄高中,为什么?因为大部分人都出洋了,留洋才是风气,才是正途。"

"小弟愚陋,家父严厉,不能效法卢兄,祝你一帆风顺!"

"谢谢!就此告别!"卢氏青年转身而去。

"姚兄,不知高中第几?"

一位清秀的青年人,拍了一下姚兄的肩膀。

"哟,子兰兄,正说到你,恭喜恭喜!"

"是,是!……谢谢,谢谢!这下可好了。"

"当然好了,你现在是秀才了。"

"姚兄有所不知,家父严厉非常。我兄弟三人,对我这做长子的,格外严格。这次中榜,可以看见他老人家的笑脸了。"

"子兰兄,别开玩笑了。谁不知道你们钱家,代代有进士,辈辈出高官。你这个秀才,恐怕只是状元公的第一步，区区一个秀才，还用令尊严厉督导吗？"

"确实如此。"

"别逗了，只有像我们家才能'确实如此'呢！我太爷爷中了个举人，可不得了啦，留下家训，'宁可让子孙讨饭，不可让子孙瞎眼'。结果一辈逼一辈，一直到我，想中个秀才都不行。"

"'瞎眼'是什么意思？"

"'瞎眼'就是不识字，不读书。没听懂吧，我的书呆子。哈哈哈哈……"

"姚兄，我先回去了。"

钱子兰深感兴奋，一阵快步赶回家中，直奔自己的房间，把中了秀才的好消息首先告诉了妻子。

子兰的父亲钱祖耆正在书房看画，画在夫人的手中徐徐展开。

"啊！郑板桥的风竹，真是绝世之笔。"

钱祖耆赞不绝口。

"这是我爹的一个老友，在扬州任上购买的，硬是被我爹买下了。你看是真迹吗？"夫人夸耀地看着自己的老爷。

"你们石塘湾孙家，官大势大，谁敢卖假货给你？"

"这里还有一张倪云林的山水，你看……"

正说着，仆人进门报喜。

"恭喜老爷、恭喜夫人，大少爷高中了！"

"真的吗？他人呢？"

钱祖耆和夫人高兴地同时放下手中的画，站起身来。

"少爷正在屋里和少奶奶说这事呢！"

"唔！你去叫他过来。"

钱祖耆的脸立刻阴沉下来。

"这个媳妇呀，过门二三年了，一点生孩子的迹象也没有，真急死人了！"

孙夫人坐了下来。

"咱家坟上风水不好，不旺长房旺小房，好在还有基博、基厚二子可教。"

钱祖耆说着也坐了下来。

"子兰这孩子，偏心媳妇，一来就往媳妇那儿跑。这媳妇仗着家里是江阴富户，有了七八只大货船，对我这做婆婆的竟然毫无畏惧之心，咳，不就是个做颜料起家的暴发户吗？"

"要怪，还是怪子兰不争气。"

二人正说着，子兰轻手轻脚地走近前来。

"爹，娘！"

钱祖耆眼皮向上一翻。

"高中了大秀才啦？不得了啊！"

钱子兰听父亲的话音不对，心里不由地紧张起来，但脸上还是抑制不住地流露出喜色。

"你看你，沾沾自喜，不思进取，才得了个小小的秀才，骨头就轻了。没出息！你大伯、二伯中了举人，也没你这样得意。你不得了啊，秀才了，可以端架子了，喏喏喏，好大的架子呀，要我叫人请呢，是不是我应该亲自请啊，要是中了举人、进士、状元，我得跪着接你，我得给你扛轿子啊！……"

钱子兰越听越害怕，不由地跪在父亲面前："父亲息怒，儿知错了。"

"知错了？能记得牢吗？光耍嘴皮子有什么用？跪好！趴下！"

钱祖耆拿起一根木棍，照着子兰的屁股就是二三十棍。

子兰趴在地上，不敢吭一声。

孙夫人看着心疼，一把拉住丈夫的胳膊。

"行了，老爷，子兰知错了，下次不敢了，老爷别累坏了身子。"

钱祖耆一指仆人："你扶他回去！有人来道贺，就说少爷病了，请回！"

"老爷，再怎么说，中了秀才也是好事呀，何必打那么狠呢！"

"我就是要杀杀他的势气！"

子兰被扶回房中，妻子忙端来早已准备好的热水，一边擦拭,一边气愤地说道:"考不中要骂,考中了要打……"

子兰赶忙打断妻子的话:"不要抱怨,是我不好,错在我们……"

正说着,两个男童兴冲冲地破门而入。

"大哥!"

"大哥!三哥写了部小说!"

"基博、基厚,忘记我平时怎么教你们的了?"

"大哥,你看我已经写了这么厚厚的一本!"

被称为三哥的钱基博得意地扬着手里的一叠纸。

"念来听听!"

钱子兰一咧嘴,看看妻子,忍住了疼。

"我给你上药,别动!"

基博、基厚这时才注意到大哥的痛苦模样。一齐问道:"大哥,怎么了?"

"你大哥,中了秀才,你爹怕他妄自尊大,打了他一顿杀威棒!"

"中了秀才还挨打?"

"那我们以后考不中就是了!"

子兰一听,立即怒叱道:"不许胡说,是大哥于礼有亏,你们要注意,要是总像刚才那样,走路办事总是风风火火,毫不稳重,早晚也少不了讨打。"

"是!大哥!不过,您还是听听三哥的侠义小说吧!"

"好，基博，你快说。"

基博清了一下嗓子，模仿说书人模样，右手在空中向下一拍。

"啪！话说北宋末年，水浒英雄所剩无几，然而，长江后浪推前浪，一辈新人换旧人。众所周知，梁山好汉有儿孙的没有几人，其实不然，后文书将慢慢道来。我这醒木一响，啪！说出一位好汉，你道是谁，是卢俊义的后代，得乃父真传，又拜名师，威震大江南北，拳打辽、金无数恶将，剑挑临安四大奸贼，扶危济困的——卢——仁——巍。"

"史书上哪有此人？"

"小说嘛，自然不必认真。"

妻子敷好了伤处，心疼地看着丈夫。

"三哥！快接着说！"

"话说中秋之夜，一轮明月当头，卢大侠身背宝剑，却在赶路……"

"好了，好了！"

子兰打断基博的话头。

"你最近又看了不少闲书，正经功课不认真读。"

"全读会了，不信您考考我！"

"我不和你争嘴，我今天累了，小说放下我慢慢看。"

"大哥，精彩的故事刚刚开始！"

"住嘴，一点规矩也不讲了？大哥说话随便插嘴？"

"是！大哥。"

"我教你们的书，都是古人留下的金玉良言，我会的差不多都已教授给你们了。过了今年，我请父亲送你们去外面的学堂，学点新鲜的知识，学点洋人的学问。你们先回去吧！"

"是！大哥。"

"太好了，谢谢大哥！"

兄弟二人说笑着走了出去。

"老三、老四真可怜，个子总也长不高，脸上还长了痘瘢。"

妻子疼爱地看着基博、基厚的背影。

"所以父母亲格外疼爱他们。"

"这对孪生兄弟也真是争气，功课一点儿也不让你费心。"

"就是精力太旺盛，也着实让我费心不少。"

"唉！说来说去，几年了，我一直也不能生养，药也吃了不少，总也不管用，你说，我怎么抬得起头来？何况，你又是钱家长房。"

"着急也没用。"

"你不急？"

"咱们还年轻，再看看医生。"

"你说西医呀，我可不去，看他们那样子就不顺眼。"

"好好好，请中医。"

两口子论来论去,可直过了十几年,都没有生养的征象。

连基博的妻子都快生了,子兰的妻子还没有一丝动静。

1910年11月,眼看着日子过了中旬,忽然刮起了大风,到20日这天,风把天都刮暗了,随着下了一场暴雨。就在这急雨不断的夜里,钱家降生了一个男婴。这时已是21日的凌晨了。

钱祖耆听说第一个孙子出生,眉毛都笑弯了。转念一想,忙把子兰和基博找了来。

"基博,你大哥一直没有生养,按照传统习惯,你把孩子交给你大哥去抚养。子兰,你要养好孩子,这可是我的长孙喏!"

"爹爹!是否等孩子断了奶再送过去。"

基博心里十分舍不得。

"不用。我看你媳妇身体也弱,不如到乡间寻找一个壮健的农妇。"

"是!爹,我马上就去找。"

子兰兴奋地看着父亲。见父亲点头,赶忙回屋拿了把雨伞,冲进黑漆漆的雨幕之中。

很快,钱家长孙的奶娘找来了。她刚生下的儿子死了，她把一腔的母爱，都倾注到钱家长孙的身上，她一直抚养照顾着这个孩子，直到孩子长大，走出无锡，走出家乡。而钱家长孙一直也忘不了对她那亲切的称呼——"姆妈"。

转瞬间，钱家长孙已届周岁，在"抓周"的仪式中，这个健康活泼的孩子，一把抓住了书，而且是牢牢地抓住。

"他是钟情于书了。哈哈……"

"那就取个学名叫'锺书'吧!"

"'锺书'好名字，可惜大清完了，要不然，钱家可要出状元了。"

"出生的时候，子兰给起的名字叫仰先，这下子，在家里他可有了两个名字。"

"对，阿先，喏，喏，喏，笑一笑，你看他一点也不笑。"

"叫锺书! 哎，你看他笑了，哈哈哈哈……"

这一年，钱家大院里是祥和欢乐的一年。

外面的中国大地，却是天翻地覆的一年。

第二章

翻天覆地

"爹,家里的杂事我已处理完了。"

钱子兰端立在父亲面前。

"很好。近日县里情况怎么样?"

"自改国号宣统,朝廷实行立宪以来,各省迅即成立谘议局,咱们江苏动作最快,各县都成立了议事的会所。自立宪以来,国家经济已见起色,正待发展。可是,革命党活动也日见频繁,渐成气候,一县一地反抗官府的事件不断,尤以广州起义和保路风潮最激烈,影响最大,致使人心浮动,议论纷纷。"

钱祖耆有点不耐烦地一挥手。

"这些我尽都晓得,我要问你的是,这几天县里有什么动静。"

"倒还平静。"

"那就好。基厚整天在外面瞎跑,年轻人不知轻重。还是基博比较稳重。谁想到呢,别看他平日里寡言少语,却是一肚子锦绣。十六岁撰文《中国舆地大势论》,洋洋四万言,梁启超先生亲自写信给予赞赏,还登了《新民丛报》。十九岁组织理科研究会,甚至还建立理科学堂。他还参加杨家的理化会,为薛家公子讲授《小代数学》。前年,江西提法使陶大人,看了他的文章,叹为龚自珍复生,请他去做幕僚,月薪白银百两,他还不过二十三岁。这两年,还只是阿先出生的时候他回来过一次。眼看阿先要过周岁了,他怎么还不回来?"

"我写封信催催他。"

"不必了,年轻人还当以国家事业为重。"

父子两人正说着,院子里不知谁喊了一声:"三少爷,您回来了!"

"回来了。"

随着院子里一声回答,钱基博出现在父亲书房的门口。

"爹,孩儿不孝,现在回来看望您老人家了。"

"哈哈哈哈,回来得好,回来得是时候,看你,怎么这么兴奋呀?"

钱祖耆高兴地站起来。

"子兰,快叫你弟妹来!"

钱祖耆朝着门口的仆人,大声叱道:"傻站着干什么,还不快把少爷的行李送回去!真是成了阿呆了。"

"爹,我这次赶回家,是要告诉您一个特大的讯息。"

"怎么,你又被提拔了?"

"不是。"

"又写出一篇什么惊世鸿文?"

"也不是。"

"难道说，时事突变？"

"对了！爹，您真是料事如神。武昌发生了起义，革命党在各地夺取政权，已有好几个省宣布'独立'，大清朝怕是要完了。"

"你这个消息太保守了。大清朝确定无疑要完了！只是来早与来迟啊！"

父子两人回头看去，见基厚手拿一摞传单，正喜气洋洋地走进门来。

基厚说："革命党一边要推翻清朝三百年统治，清廷一边呢，内部已逼摄政王退位，下面就该逼清帝退位了！你说大清怎能不完？"

"退位古称禅位、禅让，又称逊位，不知要让给哪一位？"

钱祖耆一边问，一边伸手拿过一张传单，念道："革命党各省代表会集南京，商议成立'中华民国'，首脑为临时大总统，有人推举孙中山，也有人推举黄兴，副总统一职，大多推举黎元洪。代表一致意见，定南京为首都。此刻北京，摄政王载沣退位，总理大臣袁世凯独揽军政大权。袁氏一面向革命党倡议南北议和，一面又派所部冯国璋等，集结重兵向南方进攻。时事所向，是南北和谈还是南北战争，国人将拭目以待……"

"爹，该不是又要打仗了？"

"打仗最不好!"

父子仨人谁也没注意,基博的妻子王夫人不知什么时候已站在旁边,还有子兰。王夫人接着说:"这仗一打起来,咱们家的田地、房屋、家产统统都保不住了,更不要说咱们先儿过周岁了。"

"先别提阿先的周岁了,国事要紧!"

钱祖耆忙问三个儿子:

"你们仨有什么打算?"

"我是老大,自然是看家,随侍您老。"

"我刚进城时,秦毓鎏邀我参加无锡光复革命,可以做个幕僚。我答应他,等后日阿先过完周岁,就前去入幕。"

"咱们这里也要成立临时议会,我已被选为县议事会议员,县临时参事会参事员。身为共和党无锡支部部长,县里准备委任我为县署学务课长,掌管地方教育……"

钱祖耆听到这里哈哈一笑:"好多的官衔呀,怎么记得过来?子兰,你这个秀才可要受小你十四岁,且又毫无功名的弟弟管辖了,哈哈哈哈……"

基博要看儿子,王夫人便陪着丈夫进了子兰的房屋。基厚要和二位哥哥聊天,也跟了进去。姆妈正给阿先喂鸡蛋羹,看三位少爷走进屋,忙站起身来。

"大少爷、三少爷、四少爷、三少奶奶。"

"姆妈，你给阿先喂的是什么？"

基博笑看着儿子，喜滋滋地伸出一根手指，按了按儿子的小鼻子。

阿先直愣愣地看着眼前这个陌生的大人，不知害怕，叭咂着嘴里的鸡蛋羹，也用手抹了一下自己的鼻子尖。

"哈哈哈哈……阿先不认生！"

"你看那聪明劲，多像三哥！那机灵劲嘛，有点像我，那勇敢劲，像大哥！"

"什么勇敢劲呀？大手指头戳过来了也不知道躲，其实呀，是呆劲！"

"哈哈哈哈……"

三人一齐笑起来。基博抱起儿子，一边逗着，一边听姆妈讲话。

"先哥儿可能吃了，我除了给他喂奶，还给他吃鸡蛋羹、菜汁、肉末、大米糊糊。他豆浆也喝，身体可棒了！"

"对对对！在我这儿一年，几乎没生过病，三弟尽管放心好了。"

"三少奶奶天天过来瞧，大少奶奶更是不时就过来看看，有时还抱着他讲故事，也不管他听得懂听不懂……"

"要说讲故事，我那大舅哥，还是个写小说的高手呢！"基博得意地看看妻子。

"三哥，别吹了，也没见三嫂写出一个半个小说来呀！"

"你三嫂是妇道人家,怎好比她兄长呢。"

"妇道人家也不简单。时下革命,妇女也要革命,尊重女权,女界革命……"

"先别说这些革命了。朝廷宣布立宪,国家刚有起色又革命了,闹得天下大乱,人心惶惶。革命真有那么好?"

子兰忧心忡忡地说着,并用怀疑的目光看着两个弟弟。

"大哥,你觉得朝廷立宪,就能救中国吗?"

"重症不能用猛药。要慢慢养起来。"

"不用重药,怎能根治。自鸦片战争以来,五六十年了,病越养越重,就说列强……"

一直抱着儿子的钱基博,这时把儿子交给姆妈,看了一眼妻子,冲姆妈说道:"叫他们沏壶茶来,带着阿先去我房里玩玩。"

钱基博又转向基厚。

"四弟,这一段我替你说。大哥,有些您比我们清楚。自《南京条约》以来,清廷与洋人签了多少丧权辱国的条约?《五口通商章程》《虎门条约》,还有中俄《北京条约》,此条约竟然割去乌苏里江以东的大好河山。还有《马关条约》,竟让日本小国占我国宝岛。庚子年八国联军侵入北京,后订《辛丑条约》,庚子赔款竟达四亿五千万两白银……不管战胜、战和、战败,都是割地、赔款、丧权。海关总税务司一直由英国人把持,各口岸地方税务司也都是洋人把持。洋人要什么就给什么。"

基厚越听越气，接过来说："德国强租胶州湾；俄国强租旅顺口和大连湾；法国强租广州湾；英国强租九龙半岛及附近海湾和威海卫；葡萄牙强租我们的澳门……"

"这些都是国力太弱所致。"

子兰看着仆人进屋倒好茶，冲仆人向外挥挥手，才接着说下去。

"这些确实令人愤慨。什么收回铁路要向英国借款；修筑铁路还要向外国银行团借款；改币制，又要向外国人借款……"

"日俄战争，清廷非但不阻止，还公然宣布中立，眼看着日俄两国在咱们的土地上打仗，杀我民众，毁我良田宅院，倒好像与己无关。"

"还有可气的，前几年，日本船私运军火，被广东缉私船截获，日本领事反而要求惩办缉私官员，令其道歉谢罪，广东那位大吏竟按其要求，全部照办。"

"三弟，这事你说过好几遍了。国家那么大，出几个懦弱官员也不奇怪。可是朝廷也在改进，怎么就视而不见呢？君主立宪未必不好，你恩师梁启超先生不也是主张立宪吗？"

"你先说说看！"

"远的不说，就说这十年来的事。庚子之后，废八股文，改用策论。不久又停止了乡会试，一切士子全由学堂出身,一千多年的科举制度被废除了。设立京师大学堂,预科三年毕业授举人,正科三年毕业授进士。朝廷还命各地振兴商业,兴办洋务,建工厂,修铁路,设学校,编练新式陆军。今年与英国签约,英国逐渐减少鸦片来华,六年后全部停止来华。邮政也脱离海关,收归国有。又宣布铁路国有政策……"

"别提这铁路国有了。"

"什么国有呀?洋人的铁路不能收归国家所有,却把各地自建的铁路收归国有,闹得两湖、四川纷纷反对,成立保路同志会,罢市抗议。地方官派军队开枪,死伤多人,然后向清廷报告说,是民众变乱,清廷一听便信,又派官员去镇压查办……"

子兰听基厚侃侃而谈,赶忙打断:"还有,前些年宣布立宪,统一军政,设资政院,各省设谘议局,公布法院四级三审制;颁布府、州、厅、县自治章程;又命满汉文武官员一律自称为臣;又废除军机处和旧内阁,建新内阁,设总理大臣……"

"这是什么内阁呀?总理、协理加上十个部,共十三个大臣,其中满族九人,王公宗室又占七人,他们占绝对多数,人们都说他们是'亲贵内阁'……"

"清朝确实是太衰败了!"

基博叹了口气,接着说:"自三元里平英团起事以后,各地起义、变乱不息,太平天国、捻军、白莲教可算是闹得最大的了。这之后，就数革命党活动最多……"

基博喝了一口茶，基厚眼睛更加明亮起来，忙接过哥哥的话头："先是广西抗捐起义；之后，黄兴策动长沙起义；孙中山的兴中会，与黄兴的华兴会，章炳麟的光复会，合并成中国革命同盟会，以三民主义为宗旨，开展反清复国活动。黄兴策动湖南起义，萍乡矿工六千人起义；光复会会员徐锡麟刺杀巡抚；潮州黄冈起义，惠州七女湖起义，钦州、廉州起义；以后又攻打镇南关，与清兵大战七日七夜，直至弹尽才退入安南。后来，黄兴在云南河口起义，又有安徽新军起义。又有广州起义，黄花岗七十二烈士永载史册。再加上民间自发的反抗，山东莱阳民众起义，反抗苛捐；长沙饥民起义，焚烧巡抚衙门、教堂。真是'恢复中华天下反'了！"

子兰尴尬地喝了一口茶，嘟囔道："真的是一无是处，无可救药了？"

基博嘲讽地看看墙上的《大清江山万岁图》，说道："此图倒可万年不坏，可惜江山不过三百年。大清这几十年来，那几个是处，又恰恰是清朝该亡的反证。冯子才镇南关大捷，法国大败，可签订的那个'狗屁条约'，丧权辱国，与战败有什么不同？前年，京张铁路通车，虽说是国人设计的第一条铁路，詹天佑可视为民族英雄，可此路修成之艰辛不易，是世界上罕见的，一个有能力的政府是不会这么晚才有自己的铁路的。"

基厚喝足了茶水，抢过话头："今年云南商民集资收回了英、法在省境内开设的所有矿产，这是清廷无法办到的，正应了民间传谚——官府怕洋人，洋人怕百姓，百姓怕官府。官府正是压制百姓，毁我中华，把中华大好河山，无数的物产，富饶的宝藏拱手让人的民族罪魁……"

"少爷，老爷叫过去吃饭了！"

子兰夫人的陪嫁大丫头垂手站立门边。

"知道了！"

"你先回去吧，就说我们马上到。"

"其实我也明白你们所说的道理。"子兰急急地转着手中的茶盏。

"不说了，先吃饭去！"

基博拉起子兰，基厚也从另一侧拉起子兰，两人拥着大哥向门外走。

"三哥今天回来，可得多喝两杯！"

"高堂在上，不可过量！"

"大哥，就数你最小心，今日与往日不同。"

"对！庆祝革命胜利。"

"好呀，好呀！"

"三哥，过两天阿先周岁，我们还要畅饮一次。"

"又有什么说头。"

"新生命伴随新时代，创造未来！"

"又是你那革命,如果阿先抓把刀,干脆就起名叫'革命'算了。"

"抓不着不要紧,我儿子已经半岁了,过半年让他抓。"

"哎呀,该死,三哥忘记给侄子买东西了。"

基厚哈哈一笑:"这有什么,只要小兄弟俩长大了亲密相助就行了。"

子兰打趣地一指两个弟弟:"你们俩就够亲密相助了,从小就一起为难我。"

"哈哈哈哈……"

第三章

五色韶光（上）

"这是谁在钻我的书柜呢？爬上爬下的，像个灰猴子似的。"

钱祖耆笑着，一边说一边走出书房。

"记住啊，看完了，放回原处！"

一个头戴瓜皮小帽的男孩，从书架中钻出来，冲着爷爷的背影一努嘴。

"书中自有无数馨香，哪里会脏。就这么几本小说，害得我东翻西找的，像刘备三顾茅庐一样……"

"锺书，大哥！"

一个稍微健壮一点的男孩，焦急地跑进书房。锺书趴到爷爷的书案上，急急地翻着刚找到的书，头也不抬地问道："何事惊慌？锺韩贤弟。"

"今天上午茶馆开始说《明英烈》，这部书好几百年没人说了，听说大清国的时候，谁说《明英烈》就杀谁的头。现在刚开始，我飞一样奔回来叫你，咱们快走！"

锺韩说着就来拉锺书。锺书看着堂弟着急的样子，觉得十分好笑。

"看你急急火火的，好比霹雳火秦明，亚赛黑旋风李逵。"

"再耽误，就听不着开头了。"

"我三四年前就听过了。"

"我不信！"

"你今年刚刚跟大伯念书，我从小就跟着大伯，天天早上去茶馆，听说书的讲故事，什么书没听过。《明英烈》不就是朱元璋、张士诚、陈友谅他们，各带一帮人，一会儿你打他，一会儿他打你，最后朱元璋打败了所有人，坐了江山，建立大明朝！"

"怪不得早上出去，我们听说书，你却跑去书摊上租书看。"

"说书确实好听，可就是听着太慢，让人急得心焦。"

"那你慢慢看书吧，我先走了。"

锺韩一边说，一边向门外跑去。锺书追着锺韩的背影向渐渐关上的门喊道："你知道我找到什么书了吗？《水浒后传》《续西游记》！"

锺书正得意地喊着，书房门忽地一下又被推开了。

"你好得意呀！"

只见钱基博面带怒色地走进门来。

"大伯娇惯你，爷爷宠爱你，为父要好好管教你！"

"我这不是看书呢？"

"这是什么书？是小孩子该念的书吗？你都七八岁了，还跟没套上缰绳的野马似的。"

基博一把夺过锤书手里的书,翻了一下,不由地更生气了。

"该念的书都没念熟,就来看这些闲书……"

基博说一句,在锤书的臂上拧一把。锤书刚开始还忍着疼,后来实在疼得受不了,撒腿往大伯家跑去。基博收好锤书丢下的书,也随着去了大哥家。

一进大哥的屋门,就见大哥正在抚慰眼泪汪汪的锤书。子兰一见基博,气就不打一处来,冲锤书一摆手,说道:"阿先,你先去街上找锤韩玩去,中午别回来晚了,大伯母中午给你做好吃的。"

一听好吃的,锤书挂着泪花的脸上露出了笑容。

"什么好吃的?"

"无锡排骨!好吗?"

"有没有鲫鱼汤啊?"

"小馋猫,快去吧!"

锤书恭恭敬敬地走过父亲身边,一下子变成一只轻盈的燕子,展翅飘去。

基博赶忙走近大哥,说道:"大哥,锤书又在看这些闲书。"

"你看过没有?"

"看过。"

"什么时候看的?"

"小时候。不过,我那时候可没他这么野。"

"你小时候什么样,我还不清楚?"

子兰顿了顿,站起来穿衣服,说:"在爹的眼里,你笨一些,基厚聪明一些,我的文笔不算顶好,反正基厚聪明,跟我学耽误不了什么。你就不同了,把你送到二堂兄那里,他是全族中文理较好的。他也真严厉,你也真笨,老挨他的痛打,你也不抱怨,我看不过去,就找爹去说,爹也心疼你,才让你回来。结果怎么样?

"你们俩兄弟都是我启蒙的,我还教不了锺书、锺韩他们?"

基博笑着解嘲自己:"也许就是那一天,被二堂兄打得豁然开通了。"

"别自欺欺人了。其实你一点也不笨。我正经书教你们,杂闲书也让你们看,这样,你们才能脑筋灵活。像你那样不是吓唬,就是拧打,哪一天,把锺书给拧闭塞了,变成个笨人也说不准呢!"

"他早起总得温温功课吧!"

"温功课?你那个宝贝儿子还用温功课,他过目不忘你不知道?"

"我见过他温功课,还是蛮认真的。"

"那就是了。我还要出去,你今天上午没课?"

"今天上午在家备课。给女孩子上国文课,比给男孩子省心。女孩子踏实,认真。"

"你说你,革命有什么好。袁世凯称帝,南北军阀混战,幸亏你和基厚都退了出来,去学校教书,不然,咱们无锡被杀了那么多革命党,被抓了那么多人,不说了。这是个乱世呀!"

子兰走出门去,对准备回自己房间的基博又补充了一句。

"你没去给直隶都督赵秉钧做秘书,也没去给江苏都督冯国璋做秘书,我看是对的!"

中午饭,不仅有红红亮亮的无锡排骨,而且还真的有鲫鱼汤。这鲫鱼汤又白又浓像牛奶一样,与众不同的是,每条鲫鱼不仅肚子里有橘红色鲜艳的鱼子,还有满满的瘦肉馅,鱼带肉香,肉含鱼鲜,真是又美味又爽口。加上上午看了一部十分过瘾的好小说,钱锺书这顿饭,吃得无比的欢畅。

吃过饭,锺书仍兴奋不已。

"大伯,我今天在书摊上看了本书叫《说唐》,说隋朝末年英雄排名,排了十三条好汉,《水浒传》里有一百零八条好汉。隋末十三条好汉里边有好人也有坏人,梁山好汉全是好人。论武艺,梁山五虎上将合起来,可能也打不过隋唐第一好汉李元霸。《三国》的关公,他的青龙偃月刀只有八十斤重,肯定打不过李元霸,李元霸那一对大锤子有八百斤重。秦叔宝肯定打得过,罗成也打得过,杨林也应该打得过,不知道关公能排第几?"

"他们没有比过怎么排呀?"

子兰笑着反问道。锤书想一想,没办法,摇摇头说道:"李元霸虽然厉害,可他进了《西游记》,一看见孙悟空,好家伙,一根金箍棒一万三千斤,非把八百斤的一对小锤子砸扁了不可!"

子兰逗趣地看着锤书问道:

"那孙悟空排第几呀?"

"孙悟空也排不了第一,如来佛比他厉害,五指山一压,足足几百万斤。"

"好了,等你把功课背好了再慢慢比吧!"

"那样一比,从古代到现在能排出多少条好汉呀?"

"我说过了,现在不比了!"

子兰收起笑容,严肃地看着锤书。

"你去预习一下功课,今天下午多教你一段。"

"好吧!"

锤书不情愿地走到门口,找锤韩一起预习功课去了。

下午上完课,子兰像往常一样,出门去买点酒和下酒菜,临出门还是那句话:"今天的书背得不错,出去玩吧!"

子兰一出门,锤韩抱起书本,问道:"大哥,咱们玩什么去?"

"你没长耳朵吗?宝宝姐来了。"

"什么时候?"

"刚才你背书的时候。"

"一心不可二用。你背书我认真听,顺便再记一遍,我背书,你却听外边……"

"我早就背会了,还用听你背?"

小兄弟俩说着来到锤书母亲房中,见缝衣服的王二婶正在量布,她的女儿宝宝在一边帮着拉边,锤书的母亲手里摆弄着针线、布料,嘴里说着闲话。王夫人一见小兄弟俩进门,就冲宝宝一努嘴。

"宝宝,玩去吧!"

王夫人话音还没落地,锤书、锤韩分别喊道:"妈!"

"三婶好!"

接着,兄弟二人又一齐喊道:"王二婶好!"

王二婶忙放下尺子,忙不迭地说:"小少爷好!看看,又精又壮的,锤书清秀一些,别光读书,要多跑跑才好呢。"

王夫人接着说:"谁说不是呢。简直是个小书迷,不管什么书都读。你看锤韩多好,就说他的这几个弟妹,一奶同胞,就属他瘦弱。"

"快玩去吧!"

王二婶催促宝宝放下手中的布边。

锤韩过来拉着宝宝向外走,三人跑进了大厅。

锤韩摘下书包,往八仙桌上一放,开始提议。

"咱们玩捉迷藏，看谁先捉？"

锺书看着锺韩的书包，眉头一皱，计上心来。

"咱们玩《水浒传》，咱们都是梁山好汉，咱们玩武松打店，我当武松，宝宝姐当孙二娘，你当张青。"

锺韩反对。

"我不当张青，我当打虎英雄武松！"

"张青是孙二娘的丈夫，你刚才拉宝宝姐的手出来的，所以你们两个人演一家子。我演行者武松！"

"孙悟空才是行者呢！孙行者、孙行者，谁不知道呀！"

"武松也是行者，从小说第三十一回开始，直至排座次的第七十一回，武松归隐的第九十八回，武松的名字前边，一直加着行者二字！"

"《水浒后传》里提过几次？"

"书让我爹收去了，没看成，不然一定告诉你！再者，你说孙行者，他是猴子精瘦，我比你瘦，所以我演行者。"

"谁说孙悟空了？我说武松十分雄壮，我比你高大结实，所以我更像！"

宝宝看他们争得很认真，忙插进来说："你们别争了。孙二娘是什么人？"

"孙二娘也是梁山上的女豪杰，外号母夜叉！"

"母夜叉，不好！我不演！"

"那你演什么？"

"我不知道!"

锺书一看说不到一块儿,忙解释说:"你们看,锺韩的书好比是菜,锺韩的铅笔、削铅笔的刀好比是筷子,屋里的桌、椅现成,多像一个小食店!宝宝姐你演孙二娘,正合适。"

宝宝还是不答应。

"反正我不演母夜叉。"

锺韩听锺书一解释,兴奋起来:"大哥,咱俩一块演武松,捉拿母夜叉孙二娘宝宝姐!"

锺书一听也兴奋起来。

"上阵亲兄弟,打架父子兵。上!"

宝宝轻蔑地一笑。

"你们俩?看谁抓谁吧!"

三人嬉笑着扭打在一起。虽然宝宝比锺书还大三四岁,可时间一长,一个小女孩子还是斗不过两个淘气的小男孩,更何况他们手下不知轻重,渐渐地宝宝只有招架之功,全无还手之力,被兄弟俩按在大厅的隔扇上动弹不得。

锺书一边用力按着宝宝的胳膊,一边喘着气问道:"你那母夜叉,如今被俺武松捉住,服气不服气?"

宝宝喘着气,答道:"不服,重新比比。"

锺韩一笑:"岂能纵虎归山,待我取宝刀一口,刺杀了她吧!"

说着,锤韩一松手,跑到八仙桌上,拿起削铅笔的小脚竖刀,跑回来说道:"大哥,按住了,我来刺。"

说着,锤韩做出猛力刺杀的动作。

宝宝见锤韩拿刀真的迎面刺来,吓得大哭起来:"妈妈!他们拿刀刺我,快来救我呀!妈妈……"

王二婶闻声跑来,一看这情景,忙拉开锤书已放松的手,哄女儿说:"傻丫头,小少爷跟你闹着玩儿呢,别哭,没事!"

王夫人这时也随着走来,一看锤韩手里拿着刀,很生气:"你们两个怎么欺负人呀?拿刀干什么?要死呀你们两个!回头再跟你们算账,宝宝不哭,咱们走。"

王二婶忙打圆场。

"没事没事,太太,小孩子胡闹一阵子,一会儿就没事了!"

屋里剩下锤书、锤韩二人。虽然挨了一顿骂,心里还是充满了胜利的豪情。

锤书看着宝宝刚才靠着的隔扇,又想出一个主意。

"武松杀了张督监、蒋门神以后,在粉白墙壁上留下血红的大字,'杀人者武松也',咱们也应该刻字留念。"

"对,刻上'刺宝宝者,锤韩也'。"

"不行。一者刺宝宝者,不止你一人,也有我一份;二者,刻上名字,大人追究起来,你我少不了挨打,还是不刻名字的好。我来刻。"

锺书抢过小脚竖刀,手上用力,嘴里还念叨着:"刺宝宝处。"

第一个横还没刻完,锺韩就抢回刀子,说:"你刻的不好看,还是我刻,这样书文韩刀,文笔合璧,多么有趣。"

刻完一看,四字歪歪扭扭,并不觉得丑,二人互赞几句。

锺韩一边把书、笔、刀装入书包,一边说:"我要回去了,爹回来要教我数学。"

锺书不以为然地一笑。

"我爹数学特别好,比你爹强!"

"三叔是哥哥嘛。"

"我去后院找人参,书上说能治百病,是大补元气的宝贝。连《西游记》里都有人参果的故事。地上第一神仙镇元大仙只有一样东西最宝贝,就是人参果树,连观世音菩萨都为能吃一颗人参果而高兴。"

"我妈说,摘人参要用木头,不能用铁器。"

"人参果是长在树上的,我们吃的人参是长在地下的,是根。用木头怎么挖呀?"

"那你赶快去吧,一会儿天黑了,就什么都看不见了。"

锺书跑到后边的园子里,无心看那些绿油油的菜,黄灿灿的花，一心只在红褐色的泥土下边。刨了一棵小花，根太细，一点也不像书中的样子，刨一棵粗壮一点的，还是没有像小萝卜一样的根。挖着挖着，挖出一段像小萝卜一样的根，抬头一看，是一棵壮健的小树，树上没有小红花，觉得不太像人参，但根有点像，他决心再挖一些，不知不觉，他围着那棵小树已挖了半圈，地上摆了十几根大大小小的"小萝卜"——"人参"。

"你在干什么？"

一声严厉的断喝。父亲钱基博来到锺书的背后，见此情景，一把捏住锺书的耳朵，把他从地上直揪起来。怒问道："你挖树根干什么？"

"我挖点人参，给大伯熬汤喝。"

"这是人参吗？你把玉兰树的树根挖成这样，它还活得了吗？你跟我回去。"

钱基博松开捏住耳朵的手，拉着钱锺书的胳膊回到自己屋里。

"站好！"

钱基博怒视着儿子。

"看你，站没站样，坐没坐样，今天下午的课给我背一遍！"

"……"

锺书背完书，头上冒出冷汗，因为他知道，有一个字可能是错的。

果然，父亲的手伸过来，在胳膊上拧了一把，正好拧在上午拧过的地方。锺书疼得眼泪一下流出来，张嘴就要哭。

"不许哭，哭就加劲拧你。这么一段书，还背错了，你一天都干什么了？嗯？你说，你养成了多少坏习惯？"

说着，又拧了一把。

"你晚起晚睡，贪吃贪玩，大伯舍不得管你，你倒得理了？"

说着，又拧一把。

"闭上嘴，敢哭！下午放学不背书，拿刀扎人，把宝宝吓得哭了那么半天，你的胆子越来越大了。"

说着，又拧了一把。

"还敢挖树根了，好好的玉兰树，刨成什么样子了，嗯？"

说着又拧了一把。

"以后还敢不敢了？"

"不敢了！"

锺书一边答应着，一边流着泪，忍着不哭出声音。

钱基博消了点气，严厉的目光最后瞪了锺书一眼，说道："不许把我教训你的事情告诉大伯！回去跟着大伯好好念书，早睡早起，坐、卧、站、行都要有规矩，去吧！"

"是，爹爹！"

锺书赶忙走出门，用袖口擦去脸上的泪痕。

锺书回到大伯屋里,见大伯正在独坐喝酒,美滋滋地仿佛有无限的享受。一见锺书进门,子兰高兴地招呼。

"阿先,大伯给你尝点好吃的!"

一见大伯的样子,锺书的心情立刻轻松起来,忙走上前,倒满小酒盅,说道:"大伯,您又在自斟自饮,好不畅快!"

"大伯给你块'老虎肉'吃。"

"大伯,您又买洋火腿了?"

锺书张嘴接进去一片火腿肉,慢慢咀嚼。

"怎么样?味道如何?"

"味道蛮好,不过,还是'龙肝凤髓'的味道更好,那才是其味无穷呢!"

"那也不过是酱猪舌而已。其实它和猪耳朵、猪肝、猪肚、猪蹄子,都是同一类差不多的玩意,是最普通的货色。大伯没钱,大伯要是钱多的话,一定给你买真正好吃的。"

"伯母不是很有钱吗?每年去伯母家,都看见伯母家有好几条大船,伯母家的大庄园,比咱们钱家大院大多了。伯母家的人还都抽大烟呢!"

"你小孩子不懂,大男人怎么能用女人的钱呢!咱们家也有三四十亩田地呀!"

子兰的情绪突然低落下去。

"就是你伯母家,现在也不比从前了,前几天来人说,有两条船被军队拉走了,说是被打沉了。咳,小孩子别多问,再吃一块'老虎肉'!去收拾一下东西准备吃饭,姆妈找你好半天了,快去!快去!"

晚上,锺书很快把书温了一遍,自己感觉已经滚瓜烂熟了,就赶快找了本小说看起来,姆妈催了几遍也不管用,直到大伯来催,他才不情愿地放下书本。

姆妈替锺书洗完了脸和手脚,大伯来给他脱衣服,看见锺书身上又多了几块青紫的掐痕,感到又心疼又气恼。

锺书看见身上的伤痕,猛然想起爹爹的训诫,赶忙钻进被窝,争取早点睡着,明天好早早起床。

第四章

五色韶光（下）

早晨起来，锺书像平常一样，吃完一碗咸泡饭，不声不响地拿起本诗集，走到自己的房里，侧躺在床上，一边背诗一边等大伯，准备上街。那时，大伯将带他上茶馆，大伯自己喝茶，料理家里的一些杂事，与很多熟悉的人聊天，同时给他买一个大酥饼吃，让他到小书铺或书摊上租小说看。

"先哥儿，快跟大老爷走啦！"

姆妈刚收拾完桌上的碗筷，一边用毛巾擦着手一边急忙走来。

"知道啦！"

锺书忙扔下书，一个鲤鱼打挺，从床上跳下地来。

走出门，看见伯父已经站在院子当中，脚下是一个小竹篮，里面大大小小好几个大纸包，还有一把小铲子。看见锺书走出门，子兰赶忙招手，轻声喊道："快点！"

说着，子兰提起小竹篮。

锺书看着大伯的样子感到很奇怪，平时没看见大伯干这种粗活呀！肩扛手提都是用人们干的事。

锺书这时眼角一扫，正好看见一个男仆向后院走去，

于是他一指男仆的背影。"大伯,让阿福去提篮子吧!"

大伯忙一摆手,轻声说道:"小点声!不能让家里人知道。"

"大伯,让我提篮子。"

"不行,你还小,提不动。快走吧!"

子兰刚提起竹篮要走,一个乡下的佃户提着两条大鱼走进门来。他是来城里赶庙会,顺便来看看东家,再问一下今年清明的时候,东家什么时候去上坟,他好早做准备。因为钱家的祖坟就在他租种的地边上,一直托他照管着。

"大少爷,您这是要出门呀?"

"哎哟,阿成,你来得正好。这鱼是?"

"鱼是送老爷、太太们尝尝鲜的,顺便问您一声今年清明扫墓有什么需要特别准备的。"

"要不说你来得正好呢,你快点先把鱼送厨房去,然后带我们去坟上看看。"

"大少爷,改明天行吗?我还要赶庙会呢!"

"哎呀!你真啰唆,我们跟你一块儿先赶庙会,再去上坟。"

佃农阿成送鱼去了,锺书赶忙问道:"大伯,什么叫上坟啊?"

"哎呀!先别问那么多了。这个阿成磨磨蹭蹭的,送个鱼这么半天。"

"他不是回来了吗?"

"我看见了。阿成,快点呀!"

在子兰的一再催促下,阿成提着竹篮在庙会上匆匆而过,啥也没看清楚,锺书的脑袋里也只留下个又好玩又热闹的粗粗的印象,和以前相比,没有什么特别的地方。

这一次来到祖坟前,锺书觉得坟地特别大,因为以前一大家族一起来,人一多,就显得地方小了。

子兰围着坟地转了一圈,脚下沾了不少泥和碎草棍。回头对阿成说道:"你先回去吧,没你的事了。"

阿成放下竹篮,先回家去了。

"阿先,你看咱们家祖坟周围的树,下首的这几排高大茂盛,上首的呢,却细小萎弱。按说咱们钱家祖坟的地势风水是极好的,你看,坟包、围墙还有周围的树林,正好生在坡地上,左边挨着河,右边远处也有条河,两条河在正前方远处交叉,汇聚成一条大河。可不知道为什么上首的树就是长不壮。上首的树好比是我,不兴旺,下首的树好比是你爹和四叔,特别兴旺,所以说咱们钱家祖坟的风水叫作'不旺长房旺小房'。历代长房往往没有孩子,就是有,长大了也没有出息。你跟着我,恐怕也会受到牵累。"

锺书一直静静地听,这时忍不住插嘴问道:"大伯,我也是排行老大,也是长房吧?"

"是呀,所以我们要专程来敬敬祖宗,要虔诚。"

说着，子兰从篮子里拿出几个大纸包打开，一一放在坟前，摆成三堆。中间是一坛黄酒，右边是六块点心，左边是六个去年存下的苹果。然后再拿出三把香，准备点燃。

锺书伸手就去拿最后的那个最大的纸包，子兰一伸手打掉锺书的小手，说道："莫动！跟我跪在这里。"

子兰点燃香，恭恭敬敬地跪在香前边，诚心诚意地磕了三个头，然后双掌合在一起，闭上眼睛，默念了片刻。

锺书跪在那里，照着伯伯的样式虚晃三下，侧头看着伯父嘴里念念叨叨不知说些什么，心里觉得十分好笑。

子兰站起身，一手牵着锺书，一手拿着那个大纸包和小铲子，来到上首的小树林中。子兰叫锺书抱好白纸包，自己蹲在树下，在每个树根附近挖一个小坑。锺书站在旁边，禁不住好奇，用手指抠了一个小洞，里面竟漏出一些头发。

"阿先，快过来！"

听着大伯的呼喊，锺书吓了一跳，赶忙跑过去。

"你打开纸包，每个小坑放一点，然后把土填上。"

锺书照着伯父的吩咐去做，觉得十分好玩。子兰跟着锺书，用脚把盖上土的头发踏实。锺书问："干吗埋头发呀？哪来的？"

"这几斤头发是我昨天上午去理发店买的。埋在树下，咱们上首的树就荣盛，将来，你做大总统。"

"都埋好了?"子兰不放心地又踩了踩。

"都埋好了!"

"没剩下?"

"一点没剩!"

"好!咱们快走,午饭前要赶回去,最好还能早一点。"

"好,快走!"

锺书觉得跟着伯父干了一件很神秘的事,十分兴奋。在进家门的时候,还差点让门槛绊一跤。这一忽闪,使他心中一亮,老是琢磨。在夜深人静的时候,他独自躺在床上,还不时念叨自己的小发现。

四叔四婶和锺韩他们住在一进门的第一层院子里,我和大伯、大伯母、姆妈住在中间一层院子里。爹、娘、锺纬、锺英他们和爷爷住在后边的一层院子里,院子后边是个花园。有树、有花,还有青菜。这几个院子外边,包着个大围墙,白白的粉墙不有点像祖坟上的围墙吗?门前一大片空旷的地上,有两棵茂盛的大树,不就是爹和四叔吗?前边还有个大照墙,墙后边是一条河,日夜不停地流过,不是和坟边的河一样吗?这就是说,我家房子的风水也很不错。可是我把后院里的那棵玉兰树刨伤了根,大伯父字子兰,这下可不好了,我是不是应该剪下点头发埋到玉兰树下?……

一个阴雨连绵的日子,锺书一天之内获得了三个大发现。第一个是他在书摊上翻看到几本画着和尚的书，发现和尚晚上睡觉是坐着睡，而且最好是坐在石头砌的屋子里。另一个发现是，家里不知什么时候开始天天熬中药，从中药房买来的草药，每一味都包着两层白纸，其中一张印着药名和药性，时间一长，竟然积攒下一大摞。最后一个是，他发现了两本十分喜爱的书，一本是清朝人沈德潜编的《古诗源》，一本是早已慕名的《芥子园画传》。

锺书抱着两大摞书，摇头晃脑地得意之极。在回自己房屋的石头甬路上，一边炫耀地东摆一下书西摆一下书，一边口头念念有词。

"日出而作。日入而息。凿井而饮。耕田而食。帝力与我何有哉！"

院子里的人看着他的样子，都觉得又可爱又好笑，纷纷议论。

"看，小少爷又得到好书了！"

"小少爷！小心书掉到地上！"

"小少爷可真爱看书呀！我儿子要有他一半就好了。"

"人家是钱家小少爷，你儿子算什么？"

"你家好？他钱家祖宗也不是天生的，也是挣出来的。将相本无种，男儿当自强，只要自己争气，那光宗耀祖的事还少吗？那子孙不争气，家败人亡的事也不是没听说过。你没看过书总听过说书，没念过戏文总看过唱戏，古往今来，虽说成事在天，但总归谋事在人，人不努力，一切柱然,我就常跟我儿子讲……"

"得了,你别再给我上课了!有你这水平,你儿子将来肯定错不了!"

"我就是常常恨铁不成钢,你看人家钱家孩子,锺书、锺韩,个个好像天生就知道要读书,也不用管。"

"得了,你哪里知道,锺书就没少挨他老子的打。听说子兰大老爷,还有三老爷他们,从小都没少挨打,常听老太爷说不打不成器。倒是咱们的孩子从小惯着,舍不得他累着,好像倒更娇贵似的。"

"我儿子也没少挨打,可不知为什么不太管用。"

"告诉你一个秘密,锺书要是特别高兴,那书准是三老爷不喜欢让他读的,不信,我试给你看。"

说着,他转向锺书喊道:"小少爷!三老爷从前边过来了!"

锺书一听,忙收起摇摆的胳膊,把书抱紧在怀里,加快了脚步,嘴里硬硬地说道:"你莫要以为小孩子那么好骗!"

"不信你等一下!"

"没工夫!"

锺书把院子里一片轻松的嬉笑声甩在身后,头也不回地走去,嘴里自顾自地念诵着:

力拔山兮气盖世,

时不利兮骓不逝。

骓不逝兮可奈何？

虞兮虞兮奈若何！

锤书把书收好后，随着姆妈来到子兰大伯的房里。一进门，锤书就发现一根绳子吊着一团棉花。只听伯父说道："阿先，你不是很羡慕那些英雄好汉吗？现在我就要传授你一套独特的拳法。"

"是打'棉花拳'吗？"锤书嘻嘻笑道。

"你怎么知道？我还没教你呢。"

"我是猜的。"

"你见过洋人练拳吗？"

子兰知道锤书没见过，所以不等他回答便接着说道："洋人练拳打沙袋，古人练拳打木人，洋人练功摔跟头，古人练功推石磨……"

"打棉花有什么用？"

"这你就不懂了，那些都是以刚克刚。"

"太极拳、太极剑不就是以柔克刚吗？"

"那些都是旧玩意，一点不新鲜。我这棉花拳比太极功更柔。我这套'棉花拳'有极特殊的优异之处，最适合你们小孩子练。正所谓：'练拳不伤手，练功不伤气'，你说好不好？"

"好是好，可是打着不带劲！"

"你先试试看!"

"怎么打?"

"围着打!"

"是!"

锺书一跃而起,猛击之下,棉花乱抖,反手一拳,棉花仍是乱抖,一点也不像沙袋能够飞起。锺书觉得很奇怪,一串连击,棉花团仍不能像他所想的那样飞起来。他很泄气,随手一拳,力量不大,没想到,棉花团竟轻轻地飘起,远远地荡开,又轻悠悠地荡回。

"噢!原来不能太重。"

"哈哈哈哈,这么快就会打了,不简单。你刚才出拳的样子是跟谁学的?"

"是在书摊上看到的,书里有插图。"

"怎么样,我这套'棉花拳'好玩吧!"

"好玩!就是有劲不能使。"

"不是不能使,是叫你留点劲,慢慢使,这样才能使得久,才能有后劲,不白白浪费力气。"

"这也够难的,得能耐得住性子。"

"你再打一套。"

"好的。"

锺书上、下、左、右打那团棉花,不时还从底下向上兜着打一拳。渐渐地拳脚交加,什么拳击、掌推、指戳、肘顶、肩扛、头冲乱用;无非飞踢、蹬踹、倒磕、膝顶、胯碰、背靠胡来。貌若神侠、煞有介事，倒也打成一堆花团锦簇。片刻工夫下来，虽然没有气喘如牛，却也是吐气连连。

"怎么样？不太省力吧？"

子兰得意地看着锤书。

"过瘾，我再打。"

"快吃饭了，洗洗去。改天再打！"姆妈一直站在旁边，刚才都看呆了，这时仿佛醒过来似的，忙说："打得真好看！打得真好看！"

听着姆妈的夸奖，锤书更加兴奋，问大伯："项羽练过'棉花拳'吗？"

子兰一笑，说："项羽练的是'霸王拳'。"

"那你会吗？"

"他没有教给别人，所以他死了以后就失传了。"

"我要会就好了。"

"你可以自己创呀！"

伯父笑着逗他。姆妈也笑得很开心，说："傻孩子，只有项羽才能打'霸王拳'，因为只有他才有那么大的力气。你没有那么大力气，所以你只好打'棉花拳'。"

锤书不无失望地看着被他打得有点乱糟糟的棉花团，心里又泛起几分得意，脸上露出了纯洁的笑容。

晚上，锤书趴在灯下，铺着白天收集的包草药的白纸，照着《芥子园画传》临摹小树、小石。伯父、伯母催了几次叫他睡觉，姆妈也不断地催他，甚至强行合上画谱，给他洗了脸和脚，他还是又趴到桌上，最后伯父一生气，把灯关掉，他才上床睡觉。一躺到床上，脑子里就出现了打坐的和尚，他马上坐起来，像书上画的那样，学着石屋里的和尚，盘起双腿，两手端在膝弯里，低眉垂目，嘴里默默地念叨着。因为他不会经文，所以从他嘴里吐出来的，是成串的古诗。

在之后的几年里，锺书临摹了《芥子园画传》《唐诗三百首》插图、绣像小说插图等很多古代白描画；阅读了《七侠五义》《济公传》《水浒后传》《续西游记》等很多古典小说，背诵了《诗经》《庄子》等很多古代诗歌、散文，玩了无数次石屋里的和尚打坐、打"棉花拳"、学演小说故事等游戏。

随着锺书年龄的增长，子兰觉得锺书和锺韩越来越难教了。侄子们学得太快，以致他觉得自己仿佛是快熬尽了油的灯，再没有什么可教授给他们了。加上身体越来越不好，明显感到力不从心，于是他和弟弟们商量，决定让两个孩子走出钱家大门，上城里的东林小学，去和其他孩子一起，在新式学校里接受现代教育。

第五章
东林慧童

在锤书十岁那年的初秋,他和锤韩同时进入了东林小学。这是一所四年制的高等小学,是无锡县官办的,与锤书六岁时曾上过半年的小学不同,那是一所秦氏家族自办的小学,而官办的小学是带有新式教育内容的,所以不光学古文,也学数学和外语。

下午放学回来,伯父躺在病床上,若有所失地看着锤书,问道:"你和锤韩上学一起走吗?"

"一起去也一起回来。"

"别的孩子欺负人吗?"

"胖大傻最厉害,像巨灵神一样,别的孩子都怕他。可他不敢欺负我,我和锤韩两个人加起来,比他厉害。"

"功课难吗?"

"不难。语文都会,英文也好记,就是数学记不牢。"

"你爹爹数学好,以后可以多问问你爹爹。"

"我爹爹古文更好,我还是多问问古文吧!"

"好了,出去玩一会儿。别贪玩,记着回来吃晚饭!"

"咦?伯伯,您好几天没喝酒了,那'老虎肉'和'龙肝凤髓'也多日不见了。"

"馋鬼，过两天就会有的。去吧，去吧！"

"得令！西楚霸王力拔山，项羽我今日奔潼关……"

锺书端起架势，一路唱着跑了出去。

江南的雨，淅淅沥沥，潮湿中夹着寒气，天渐渐地凉了。

锺书坐在教室里看着窗外。房檐下一排细细的雨帘多像花果山上的水帘洞，教室里的小孩子不正是水帘洞里的小猴子吗？猴王自然是前面那位老师了。不过还是不像，老师是个戴眼镜的瘦弱先生，一点儿也没有齐天大圣的神威。如果我是齐天大圣，胖大傻是巨灵神，我就一棍子打他三个跟头……锺书想得正美，忽然看见姆妈神态慌张地在门口向老师招手，老师出去后，姆妈急急地说了一气，老师点点头，回到黑板前咳了咳嗓子，说道："锺书，锺韩，你们家里有点儿事，先回去吧！"

锺书惊愕地看看老师，看看姆妈，看看同学们，又看看同样惊愕的锺韩，手脚忙乱地收好书包，心神不安地走出教室。

"先哥儿，你伯伯去了，快回家吧！"

"去哪里了？"

姆妈忙凑到锺书耳边，轻轻地说道："去了，就是去世了，就是死了！"

"什么？"

锺书不相信自己的耳朵。

"锺韩，你听姆妈说什么?"

"大伯死了。"

"伯伯……伯伯……"

锺书突然大哭起来，撒腿往家跑。锺韩、姆妈也都哭起来，跟在锺书后面往回跑。

跑进伯父的房间，正遇上父亲扶着爷爷从里边出来，只见爷爷一手捶着胸，边哭边说："白发人送黑发人呀!子兰……"

钱基博扶着父亲，也就没管锺书，只是对妻子用眼光向锺书一指，随口说了句："照顾好先儿!"

在另一边扶着父亲的钱基厚，伸出一只手拉了一把锺韩，轻声说了句："听话，别瞎跑!"

锺书、锺韩一进屋，就有人来给他们披上白布，戴上白帽。锺书还比锺韩多罩了一件黄麻衣，多戴一顶黄麻布叠的帽子。

在满堂大人、小孩的哭声中，亲戚朋友来了一大屋子，拜完灵后，少不了又要摆桌吃饭，忙乱得不得了。因为害怕钱祖耆太伤心，所以葬礼比较简单。出完殡的那天，晚上灯熄人静，哭累了的锺书，感到几分害怕。他跑进大伯母的屋里，见舅妈、姨妈还在烟榻上安慰大伯母。

"伯母，伯伯去了地府会变鬼吗?"

大舅妈一指锺书,笑道:"说你傻,你就更发傻了,你伯伯心肠那么好,一定上天了。"

二舅接过来说:"要不,又投胎到好人家了。"

锺书一摇头。

"《聊斋志异》《搜神记》,好多书中说凡人很难成仙的,又没仙人点化,更不可能成仙。天蓬元帅投错了胎,变成呆子猪八戒,伯伯投胎可要看准了呀!"

小姨禁不住笑了起来:"你这个呆子,痴到家了。谁像你似的,贪看书摊上的小字书,把眼睛都快看瞎了,什么也看不准,听说你上课坐在最后一排,连老师在黑板上写的什么都看不清,还假装明白,其实一肚子糊涂。"

"有些人也不是投胎来的,干脆就是花神变的。"

"所以我们常说,你是南瓜精变的。"

"你伯母抱来一个大南瓜,没想到成了精,就变成了你。"

"多可爱的大南瓜啊!"

锺书不服气地说:"那是你们哄我的,我怎么可能是南瓜精呢?"

"那你怎么就可能一定不是南瓜精呢?"

伯母叹了口气,看了一眼刚进屋的姆妈,说:"你们别逗他了,阿先回屋睡觉去。姆妈带他回去。"

"是!我刚睡下,一回头,先哥儿就不见了!"

伯母不耐烦地一挥手,说:"好了,不要说了。大嫂、弟妹、二妹,你们也早点休息吧,明天还要赶早上的船回江阴呢。"

夜里又下起雨来,直到天亮,雨还是没有停。

吃过早饭,锺书想起弟弟和班里的同学这时都穿皮鞋,只是自己没有,忽然想到伯伯可能有,于是找伯母问了一声。伯母让大丫头去找,翻遍了鞋柜,也没找到一只皮鞋。锺书正感到失望的时候,发现了一双钉鞋。锺书对自己说钉子也能隔水。于是高兴地套在脚上。可是鞋太大,他就抓了些纸揉成团塞在里面。这下可以穿了,锺书得意地踢踏着大钉鞋上学去了。

锺书和锺韩刚到街上,就听见有同学喊他。

"钱锺书,大孝子当得怎么样?"

锺韩挥起拳头,喊道:"邹文海,是不是你的皮肉痒痒了,待洒家教训教训你!"

"不敢不敢,君子动口不动手。"

锺书冲上去,用拳头轻轻一擂:"我是小人动手不动口,洒家是个粗人!"

"你是粗人?你害得我爹老骂我!"

"我害你什么了?"

"你爹骂你什么?"

"能骂我什么,骂我不仅有个猪脑子,还有一个猪身子,你看人家钱锺书,我每次从钱家门口过,都听见里面的读书声,这两天家里办丧事,读书声依然不断。"

"锺韩住前院,是他的读书声。"

"爹说是里边,是你的读书声,总之,你们兄弟俩都够可以的。成绩那么好,简直是我们的灾星,跟你们一个班,真是倒霉透了。"

"哎,你们看!"

锺书一指地上:"这么多小青蛙又蹦又跳的,多好玩,捉两只。"

几个小孩蹲下去,很快抓了满手的青蛙。

"放哪儿呀?"

"放我这里!"

锺书说着,脱下大钉鞋,一只鞋装不下,干脆两只鞋全脱下来,这才高高兴兴地抱着两只大钉鞋,光着脚跑向学校。

到了教室里,锺书把装着小青蛙的钉鞋,藏在木桌底下。上课的时候小青蛙哪能听得懂老师讲什么,又耐不住寂寞,于是纷纷爬出来,满地乱蹦乱跳。锺书认真听老师讲课,没有发现小青蛙爬出来,可是其他同学看见了,都低下头看青蛙,捂住嘴悄悄地笑。

老师发现同学们乱糟糟的不认真听讲,仔细一看,发现地上的青蛙正蹦跳得欢畅,邹文海还用脚在青蛙后面不住地跺,吓唬青蛙,好让青蛙蹦得更高更远。老师非常生

气,喊道:"邹文海,站起来。"

"老师,小青蛙不是我带来的。"

"那是谁带进来的?"

邹文海犹豫了一下,另外几个小朋友异口同声抢先答道:"是钱锺书!"

老师一推眼镜,并不怀疑地喊道:"钱锺书,站起来!站到门外去罚站!"

钱锺书站起来向门外走,嘴里还不失时机地为自己辩解:"我没让小青蛙跳出来!"

"小青蛙那么听你的吗?谁让你带到学校来的!邹文海,下次上课再胡闹,也出去罚站!坐下!"

老师意犹未尽,接着说:"钱锺书同学学习好,你们谁也比不了,要向他学习,可是他淘气你们也是谁都比不了,千万别学他。上一次,上课玩弹弓,用小泥丸弹人,打得同学直嚷,我叫他罚站;这一次又玩青蛙,开学刚两三个月就这么淘气,以后怎么得了。以后谁要是再胡闹,我不只要让他罚站,还要让家长来领人。新式教育,老师不可以打学生,但你们的家长可以教训你们。好了,下面接着上课……"

锺书站在教室外的屋檐下,看看阴沉沉的天,想起街上暗白发旧的墙壁,想起家里空荡荡的房屋……再也没有伯伯慈爱亲切的笑容,温和的话语。伯母爱抽大烟,一向不怎么管自己。爹爹怕伯伯说他,这几年也很少管自己。

娘听爹的,更何况还有三个弟妹要照顾。现在自己可算是宋江失了水浒寨,羊入虎口了。

锺书不愿多想这些太累脑筋的事,仰头向天,在心里默默地背诵起他喜爱的古诗和散文。

子兰去世后,除去伯母每月的月钱,她一家人的费用都由钱基博承担起来。

在前后不到二三年的时间里,伯母几次回娘家奔丧,为兄弟送行。这之后,伯母的娘家缺男少丁,很快败落下来,连家里的大货船也逐渐卖光了。这一下,伯母的手头就更紧了,几乎剩不下什么钱。

又是在一个冬天,雨夹雪纷纷扬扬下了一夜,第二天竟然是个阳光灿烂的晴天。

姆妈给锺书准备好棉鞋,锺书一见非常高兴。平时,同学们、弟弟们都穿洋线袜,脚面上平滑光鲜,可自己只有土布袜,脚背上一条拼缝很是刺眼,穿上棉鞋就可以遮住这条缝了。

锺书穿好衣服去看伯母。伯母像平时一样还没起床。她的大丫头赶忙端来热好的稀粥。锺书就着咸菜稀里呼噜地喝了下去。

"好像有些馊味!"

锺书咂着嘴,自言自语地说着,跳下凳子,跑回屋拿书包。

"大哥,快走了!"

"嗳!锤韩,我来了!"

锤书飞一样奔出院子。锤韩在门口外的台阶下,迅速地递给锤书一根油条,然后晃晃手中另一根油条,两人相视一笑,快乐地一边走一边吃起来。

"兄弟两个吃油条,两根油条晃当当。"

一个又高又胖的孩子,摇摇晃晃地走来,边走边唱,脸故意转向锤书兄弟旁边的方向。

"胖大傻,你又在说谁呢?"

一个瘦瘦的男孩一手扶着蹶在屁股上的书包,一手在空中画着圈,为跑动的身体提供平衡,以防止滑倒。

锤书一看,用手中的半根油条直指瘦男孩,喊道:"咳!邹文海!你别明知故问!"

锤韩也用半根油条一指,在旁帮腔:"邹文海!您是不是想投靠胖大傻?"

瘦孩子等看清胖大傻讥讽的是锤书兄弟,赶忙解释:"我说什么了,不过随便问问。"

胖大傻乐呵呵地走近锤书、锤韩。

"我只是说你们两句,你们就生这么大的气。邹文海,咱俩加起来,不用怕他俩!"

胖大傻拍拍邹文海的肩,显得很亲切地要搂着他一块走。邹文海忙躲开,一闪身差点滑一跤。站定身子以后笑道:"得了,胖大傻,从上一年级你就怕他们俩。"

"我才不怕呢!那是因为他们学习比我好,我敬重他们。"

"那锺书用弹弓弹你,你干吗哭啊?还叫老师呢!"

"谁让他把泥丸子正打在我耳朵上,多疼啊,不信你试试。"

胖大傻说着就去揪邹文海的耳朵。

"不许动我的耳朵!"

邹文海跳了起来,转向锺书。

"我求求你了,以后读书小点声行不行。昨天我爹爹回家,揪着我耳朵好一顿训。"

邹文海学起父亲的样子,捏起右手的大拇指和食指,横抬起右臂。

"我一过钱家,每回都听到锺书书声琅琅,谁像你一回家就书角都不翻了!"

胖大傻一听,也愤愤地说:"没错。我的成绩蛮不错的,可每回一问你们的成绩,我爹就要跳起来,没完没了地骂我一顿,说我就是吃饭吃肉比别人强!"

"你们俩别不说话!"

"我们无话可说。"

"锺书,你用的练习簿和我们所有人用的都不一样,是哪儿来的?"

"是伯伯生前亲手用毛边纸和纸捻子钉的。我还穿过几次纸捻子呢。"

胖大傻挤过来挎上锤书的胳膊,说:"锤书,咱们俩最要好,你说为什么大人总偏向你。你的国文比我好,可是我的数学比你好,为什么我就不如你。是不是国文比数学重要?"

"你的英文比锤书好吗?"

"英文顶不重要,我爹就不识英文。"

胖大傻一拍脑门,似有所悟。

"噢!对了,我爹也不懂数学,所以他只比国文。"

锤书看着他那个傻样子哈哈一笑,说:"胖大傻变成大精明了,以后可要换换字号了。"

四人说笑着进了教室。

同学们一见锤书进门,就叫他讲笑话。正闹着,老师神态严肃地走进课堂。孩子们慢慢回到自己的座位坐好。

"早!"

"老师早!"

"把英文作业交上来。"

同学们依次把练习簿交上去。当收到锤书的练习簿时,老师一皱眉,翻开本一看,照例是一小团一小团的墨水疙瘩。

"你还是没有钢笔吗?"

"开学的时候有一支笔杆和一个钢笔尖,不久笔尖就撅断了,断了头就没法写了。"

"于是你就把毛竹筷子削尖了蘸着墨水写?"

"我看见洋画里的外国人都是用鹅毛笔蘸着墨水写英文的。"

"为什么不叫家长给买一个笔尖?"

"伯母没有钱。"

"为什么不向你爹要?"

"可以向爹爹要的吗?我从来没想过。"

"回去好好想想吧!"

老师不愿意过多地责备这个班上英文最好的学生。收完作业,便开始了上午的英文课。

下午上作文课,老师照例先收作业,然后出一个题目,叫学生们当堂写作。

课堂里静悄悄的,只有研磨的声音时起时落。

"钱锺书,你过来一下。"

老师坐在前面,手拿锺书的作文,不解地看着锺书,念道:"《巨灵神腰围考》。'据考,巨灵神典出《西游记》第四回,巨灵神腰大十围。一围并不是两臂伸长的一抱,而是五个手指的一合。'这都是什么呀?"

坐在下面的同学,发出一片轻轻的笑声。

"老师,我可能拿错本子了。"

锺书赶忙翻书包,换出真正的作业本交上去。

然后悄悄地坐回去写作文。

过了四十多分钟，锺书便把作文交了上去，再回到座位上看课本。

老师移过锺书的作文先进行批改，一看卷面不由地皱了下眉。

"钱锺书，你的墨为什么总是这么淡，下次研浓一些。"

看着看着，老师又说："钱锺书，你的字为什么就不能规规矩矩地写在方格中呢？"

再往下看，老师就再也没说什么。等下课后，锺书接过老师批改的作文，只见上面的评语写的是：眼大于箕，目光敏锐，有独到的见解；文辞清新，爽口清脆如梨。

写了篇好作文，使锺书一下午都很高兴，更使他高兴不已的是，他借到了两小箱外国小说，上面写着：《林译小说丛书》，商务印书馆发行。他如饥似渴地读起来，读到高兴处手舞足蹈一番。他反复读，仍不过瘾，又把锺韩叫来一起读。

"梁启超译的《十五小豪杰》，还有周桂笙译的侦探小说都没法看了。"

"没错，相比之下又沉闷又乏味。"

"真没想到西洋小说也这么迷人，不比《水浒》《西游》《聊斋》差。"

"林纾可真有本事，翻译了这么多小说。"

"你看,哈葛德、狄更斯、欧文、司各特、斯威佛特的书,写得都那么好看,要学好英文,就能痛痛快快地读原文了,而且可以读遍所有人的探险小说。"

"你看,他们那里耍猴子的和咱们这里走江湖的猴戏就不一样。"

"咱们这里牵着一头疥骆驼卖药,他们那里就没有。他们耍狗熊。"

"还驯狮子呢!"

"叱!锺韩,先别说话!"

锺韩侧过头去,只见锺书眼瞪口开,气儿也不敢透一口。过了好一会儿,锺书才闭上嘴巴,合上眼睛,静默了片刻。

"你看到什么了?"

"《三千年艳尸记》,鳄鱼和狮子搏斗,真是惊心动魄。"

"我看看。"

"你看。"

锺书把书推到锺韩面前,锺韩捧起来念道:"然狮之后爪已及鳄鱼之颈,如人之脱手套,力拔而出之。少顷,狮子首俯鳄鱼之身作异声,而鳄鱼亦侧其齿,尚陷入狮股,狮腹为鳄鱼所咬亦几裂。如是战斗,为余平生所未睹。"

"锺韩,你说鳄鱼既然咬住了狮子的大腿,又怎么去咬狮子的肚子呢?"

"可能是先咬肚子,后咬大腿,或者先咬大腿,后咬肚子。"

"狮子的后爪已经踩住了鳄鱼的脖子,干吗像脱手套似的拔出来呢?"

"是不是踩着不舒服呀?"

"你说两个谁死了。"

"狮子死了。肚子都快裂了还不死?"

"快裂了并没裂。鳄鱼被狮子把背咬坏了,脊梁骨断了还不死?肯定是鳄鱼死了。"

"不一定,鳄鱼皮又硬又厚,狮子只是咬得发出怪声,并不一定就咬断脊梁骨。"

"看看书上怎么写。"

兄弟两人翻了好几遍,也没找到结果,只能凭想象继续这场争论。

一天晚饭后,兄弟俩不知怎么又想起这场官司,于是又争论起来。钱基博在旁边的屋里听见,便走来把两人训斥一番,并查阅锺书的作业。当看到老师的评语"眼大于箕"和"爽口清脆如梨"时,心中不免有几分得意。问锺书:"先儿,还记得我给你改的字吗?"

"您把'哲良'改成'默存',是要我少说话的意思。"

"我看你的话是越来越多了。以后放学,先不要回家,到无锡师范学校我的办公室里读书,等师范生们吃过晚饭开始夜自修时,咱们再一起回家吃饭。"

之后,钱基博还常带兄弟二人去看望有名望的老先生。锺韩喜欢数理,学问和口才都不如锺书,这就为锺书提供了侃侃而谈,表演学问的好机会。难怪锺韩私下里抱怨:家里有一个天才,日子真不好过。可出人意料的是,高小四年毕业,锺韩名列前茅,而锺书成绩一般。这一下,锺书的心里又紧张起来。

第六章
桃坞水暖

下学了,放假了,高级小学毕业了。孩子们像燕子一样飞出校门,飘散在无锡城的石街、拱桥、杂货摊。

锺书背着书包,甩着手。锺韩一手拿着毕业成绩单,一手拿着全校第一的奖状。兄弟俩一边走,一边回头转身和同学告别。

"胖大傻,再过两年,我可能会超过你,比你还高还胖。"

"不可能,你天生就不是胖人!锺韩可能都比你胖。"

"邹文海,你什么时候也像大傻那么胖,哪怕一半也好。"

"锺书,你别说我,我没准真能胖起来。"

"大哥,你说大傻最多能有多胖?"

"鲁智深三拳打死镇关西,他的禅杖六十二斤,大傻挨三禅杖没问题,就算是三根禅杖的重量吧!"

"那是多少啊?"

"三八二十七,不对,三八二十……就算二百五十斤吧!"

"你才二百五呢,连这点数字都算不清。"

"他要是数学也好,咱们还能活吗?"

"对了,锺书,上中学你千万别和我一个学校,真受不了。"

"这次锺韩不怕了,他是全校毕业生第一名。"

"锺书,这下你爹要揍你了。"

"才不会呢!再见吧!记着来找我们玩!"

锺书看见十字街口有只猫在晒太阳,便放轻脚步。

"你慢慢逮吧,我可回家了。锺书,你听见没有?"

邹文海走过十字街口,走过小石桥,回头喊道:"胖大傻、钱锺书、锺韩,再见了,有好玩的叫我一声……"

"好了,你走好!"

锺韩向邹文海挥着手中的奖状。

"再见了,下学期见!"

胖大傻说着,突然觉得不对,忙一捂嘴。

"臭嘴,怕躲不开这两个天才还是怎么的。再见啊!"

锺书朝他们摆摆手,然后蹑手蹑脚地向一只猫靠近,猛然一脚踩在猫身边的石板上,嘴里大力地"嗨!"一声。猫懒洋洋地回头瞄了他一眼,弓起背,抻开前后腿,舒舒服服地伸了个懒腰,一扭一摆地走开了。那猫迈方步的姿态好像在说:这块地让给你了,我才不稀罕呢!

锺书气得追上去踢它,脚刚伸出去,猫便轻盈地一闪身,绕过路口的房脚跑没影了。

"一脚踢飞一只老虎!"

锺书神采飞扬地模仿着说书先生的神态，走过街心。

"你说一加一得几？"

锺韩笑着逗他。他机警地一笑："一加一得个'王'字。"

"一减一呢？"

"得个'三'字。"

"一乘一呢？"

"得'五'呗。"

"一除以一呢？"

"一除以一……"

"没辙了吧？"

"念个'示'字。"

"'示'底下是小，有钩，不是除号。"

"《说文解字》里的小篆、《隶辨》、《张迁碑》等很多古字，'示'下边都是一竖一边各一点，不带钩，是除号的样子。"

"谁问你组字了，我问你的是得数。"

"我数学虽然不好，可也没有那么糟呀。一加一得二，一减一得零，一乘一得一，一除一得一，有什么了不起的。"

"我再问你，一个正方形的周长是一丈二，问一条边是多少尺？"

"正方形有四个边，知道周长一丈二，那就用周长除以三。"

"为什么除以三,应该除以四,因为有四条边,问一份是多少?"

"对呀,四份求一份,除去三份,剩下的不正是一份吗?所以除以三!"

"哎呀,不跟你讲了。"

"我数学不好,你要有点耐心嘛!我爹对我就太缺乏耐心。"

"三伯伯数学那么好都教不了你,我再耐心也没用。幸亏你数学差,要不然,不用说邹文海、胖大傻他们,连我也没好日子过了。"

"今天我没好日子过倒是真的。"

"不告诉三伯伯我得第一名不就完了?"

"你爹还能不告诉我爹?"

"那就听天由命,看你的运气了。"

"哎,前边有抬花轿的。快!看新娘子去。"

锤书拉起锤韩追了下去。

"锤韩,将来大哥给你娶媳妇,也像今天这样,再多放两挂鞭炮!"

"你才娶媳妇呢!"

兄弟二人说笑着跨进钱家门槛。

姆妈坐在门里补衣服,一直等着锤书,这时忙说:

"先哥儿，锺韩，你们可回来了，快去老太爷屋里，三老爷和四老爷也在那，等你们俩半天了。"

"什么事？"

"可能是上中学的事。别多问了，快去吧！"姆妈嘴上催，手上推，把二人送进老太爷的房屋。

钱祖耆和两个儿子商量完孙子上中学的事，兴致正浓，便继续海阔天空地闲聊起来。

"锺书、锺韩毕竟还是孩子，让他们去苏州上中学，我还是有些不放心。"

钱祖耆清了清嗓子接着说："基博，你也别整天关在书斋里一味地著书。基厚，你在县里忙地方上的事，我不多管你，你要多找时间，常去苏州看看两个孩子。"

"爹，您放心吧！桃坞中学是附近几个城市中最好的一所中学，资金雄厚，课程多，校舍精良教师强，还有很多教师与我熟识，自然会有所照应。"

不等基厚说完，钱基博便接上去说："数学、物理、化学、生物、地理，这些新课程，对锺书他们这一辈人来说是必不可少的。本县的几个中学，在这些方面都不如桃坞中学。"

"锺纬、锺汉这几个小的，一点也不能放松，树正在长。我今年七十七了，人活七十古来稀，还能有多少年啊，你们俩兄弟都不到四十岁，还有前程，别耽误自己。"

钱基厚听到这里，脸上露出气愤的表情，说道："三哥不擅长与人交际，加上世道混乱，所以不出去做官，一心在家里研究古文，撰写文章。在县师范教书，也得好评。爹，您七十大寿那年，三哥还被聘请为咱们无锡县志的总编辑，张謇先生都称三哥是长江以北没有人比得上的，黄树蔚先生更是说，何止江北，就是江南也没有第二个人可比。还有大诗人陈衍他们都是赞不绝口。这样的著作才学，被朋友介绍去北师大做教授有什么不可以？偏偏那个林纾林琴南，万般阻挠，不但不让去北师大，还让商务印书馆不要出三哥的书，真是岂有此理。"

基博听了弟弟抱不平的话，轻轻一笑。

"没想到一个六十岁的老人家，不但不奖励后进，还嫉妒晚辈。"

钱祖耆哈哈大笑道："你与他同校教国文，他比你强不光荣，比你差怕遭人耻笑，哈哈哈哈……"

基博跟着笑起来，说："四弟，何必与人争一时之短长。再说爹年岁大了，家里得有人照应。"

"照应我什么？子兰媳妇整天不管事，你们俩又都是养着四五个孩子，我一个老头子，没什么事，干你们自己的事要紧。可就是别头脑发热。基博老成，基厚呢，你在县里为地方奔波，闹学潮的事还是少参加为妙，什么工会呀，北伐呀。"

"爹，国家兴亡重在教育，现在国家这么乱，我们在家里怎么坐得住呢?"

基博一指进门的锺书、锺韩兄弟,打住了基厚的话:"爹爹,他们来了。"

"爷爷好,爹好,四叔好!"

"爷爷好,三伯伯好,爹好!"

钱祖耆笑呵呵地看着两个孙子。

"都没你们好!高小毕业了?"

"毕业了。"

"锺韩,你手里拿的是什么?"

锺韩把手中的两个东西递给爷爷,一个是成绩册,一个是奖状。

"噢,不错嘛!都是优等。还有一张奖状,还是全校第一名呢!锺书,你的奖状呢?"

"爷爷,我没有奖状。"

基博脸上一红,训斥道:"还不快把成绩册拿出来?"

锺书赶忙从书包里翻出成绩册,递给爷爷。

钱祖耆看完锺书的成绩册,默然地连带锺韩的一并交给基博。基博看完又交给基厚,基厚看完说道:"锺书的数学是差了些,国文和英文还不错。"

"锺书,你要是像锺韩那样稳重踏实就好了。"

"先儿,你的数学为什么总是那么差?"

"我喜欢古文和英文。"

基厚哈哈一笑:"锺书,偏科总是不好的,会给你带来麻烦的。数学很重要，到了桃坞中学可要认真了。"

桃坞中学？兄弟俩不解地互相看了一眼，没听说城里有个桃坞中学。

呀！是不是大人说错了。

"愣神了，哈哈哈哈……"

钱祖耆得意地摸着下巴。

"桃坞中学在苏州，是外国人办的中学，要求很严，你们可要当心！"

基博拿回锺书的成绩册，一边翻着一边说："咱们钱家进洋学堂的，你们俩是第一个。"

"你们俩这是第一次离开家，离开无锡，去另一个城市过寄宿生活。到学校要听老师的话，记着大人的教训。"

"放假在家，好好温习功课，尤其是外语。到时候要是考不上，再说！"

基博狠狠地瞪了锺书一眼。

美好的假期大打折扣，好在兄弟俩都考进了苏州桃坞中学。

初到苏州，锺书的眼睛真不够使了。河渠当街道，船舟当车轿，人在水上走，水在城中绕，难怪古人说上有天堂，下有苏杭，外国人说这是东方的威尼斯。不要说苏州的园林天下美，就是那河边的店铺，岸上的人家，一砖一瓦，一石一木，也无不透着润泽与灵动。

注册了学籍，送回了家长钱基厚，锺书和锺韩回到宿舍拆行李。

锺书脑子里还是苏州的景致，学校的西式红砖门楼。他使劲乱揪，露出一本薄书，上面赫然写着书名《无锡光复志》，落款钱基博著。这本书是爷爷钱祖耆命他随身携带的，好常常记着祖先的伟业，宗族的荣耀。其实，这本书他早就倒背如流了，这时，他一边收拾整理着衣服、行李，一边情不自禁地背诵起来："自以始得姓于三皇，初盛于汉唐，中兴于唐、宋之际，下暨齐于元、明，儒于清。继继绳绳，卜年三千。虽家之华落不一，绩之隐耀无常，而休明著作，百祖无殊，典籍大备，灿然可征也……"

"谁是钱锺书，钱锺韩？"

一位工友拿着个信封走进门来。

"我们是！"

锺韩走过去接过信封，拆开看完一笑。

"大哥，是通知咱俩国文和中国历史直接跳到二年级去上课。"

开学第一天照例是开学典礼，洋校长用英文讲了一大通，接着"这长""那长"鱼贯上台，口吐莲花，喷出一串串洋字码。不少新同学听着直皱眉。

典礼结束回到班里教室，洋教师又是一嘴英文，一个中国字也没有。

"这不是掉进外国了吗?"

"以后的罪可有的受了。"

同学们悄悄地议论起来。洋教师瞪着眼睛问:"什么是你们正在说的?"

锺书俏皮地一笑:"同学们说老师的胡子很漂亮,一看就有学问,同学们觉得很荣幸!"

"很好,很好!你的英文很好,班长不用选了,你就是班长了!"

同学们惊异的目光一齐转向钱锺书。

可他当上了班长才知道受罪。早晨出操,班长要第一个跑出去。锺书原来一直穿布鞋,从来不用分清哪一只穿在左脚,哪一只穿在右脚,现在可好,穿一双皮鞋,左右脚照样分不清。早晨时间紧,也来不及分清,只好碰运气,碰上穿对了,就正常样子穿,碰上穿错了,就左右颠倒,好在自己难受在脚上,别人难受在眼睛里,难受不到一块去,也就不会因沟通理解产生加倍的痛苦。还有一件麻烦事,就是穿内衣或者是套头毛衣。前后分不清,只好颠来倒去,在脖子上转圈圈,感觉对了就穿进胳膊去,尽管常常前后颠倒,好在穿在里边,并不影响班长的形象。

锺书万万没想到,损害他班长形象并直接导致他被罢官的,竟是最简单的两个数字"一""二",和最简单的两个方向"左""右"。

体育课上,锺书得意地用英文喊口令,声音清脆嘹亮:"一二一,一、一、一二一……"

当了两个星期的班长,他发现桃坞中学的课程中,除去国文课全用英文讲课,连中国地理也用英文讲,甚至是英国人写的教科书。英文不好,简直没法上下去。

锺书脑子里想着别的,眼睛却没敢离开同学们。这时他发现同学们看着他发笑,并且脚下的步子开始乱起来。他急忙喊道:"立定!向右看齐——,向前看——,稍息,立正——,向右转——向左转——"

"哈哈哈哈……"

同学们看着钱锺书的样子再也忍不住了,一齐大笑起来。

锺书莫名其妙地看着同学们,也跟着笑起来。

体育老师板着面孔走过来,让钱锺书单独操练。随着老师的口令,锺书的脚总也踩不到"一"和"二"上,向左或是向右转,也绝无规律可循。老师无奈,只好请锺书站到队里,由自己亲自喊口令。

这天放学的时候,锺书被通知解除班长职务,这使他感到十分轻松自在,不用硬撑着做表率了。

不到一个月,基厚已来过学校两次了。他很为锺书失去班长职位感到惋惜。

送走了四叔,锺书心里却十分畅快。

真是退一步海阔天空。丢掉班长的乌纱,早晨可以晚起一会儿;上体育课不用死板着腰,上课看其他书也不怕被人发现。更让人高兴的是,全校作文竞赛他还得了第七名,最高兴的还有,四叔说爹爹已去清华教书,真是自由的空气啊——你令我陶醉……

四叔说什么来着,他说爹爹常把我的作文给师范的同事传看,并且引以为豪。连爹爹都觉得我的文章好,可能吗?我一来就得了个作文第七名,可见不很差……

这里的英文书真多……对了!原文小说!

想到外文原版小说,锺书心里痒得浑身发烫,急忙奔向学校图书馆。

第七章
鸟入蓝天

洋教师们忙着准备过"圣诞",不是买礼物,就是扎松树。过完"圣诞",紧挨着还要过新年元旦。节日的喜庆闹得这一段课程明显地松散下来。

下了课,有的同学帮老师布置房间;有的陪老师上街;有的在校长亲自指挥下装饰学校的校门、教室、宿舍、饭堂、图书馆和锅炉房。

钱锺书所在的班里剩下几个同学,没有这些好事可做,于是抱起篮球奔向操场。他们按照平常排列习惯的大小个一站队,才发现少一个人。打篮球要求一方五个人,双方争着把篮球投入对方的篮筐,投入多的队获胜。因为总人数不多,所以少一个人就会使实力大减。几个人站在那里一商量,一致认定,只有钱锺书一定无事可做,于是钱锺韩自告奋勇地去找。锺韩转遍了宿舍、教室、图书馆,也没找到锺书,只好无奈地回禀众同学。几个人又一商量,决定打得比较好的四人一队,差一些的五人一队。

篮球场上热火朝天的竞赛直到快吃饭的时候才结束。九个人一边兴奋地谈论着球技,一边回宿舍拿起脸盆、毛巾,走进水房。

"锺韩,你那个三步跨篮太慢了。"

"我一看见大高个在前面,心里就犹豫。"

"你这一犹豫,我就跑过来了,你要是不犹豫,就上去了。我哪有那么快呀!"

"副班长的胳膊肘子太损了,他两手拿着球,左一横,右一撞,正撞在我的肋骨上。"

一个壮实的同学手捧洗脸盆,支撑起胳膊肘,模仿着副班长的动作,左右横向来回撞击。两边的同学急忙向外躲闪。

又瘦又高的副班长扶了扶眼镜,哑着嗓子说道:"对不起!没办法。我这么瘦弱,你那么壮,我哪能撞得过你呀,只能用这个办法以巧破千斤。"

另一个同学叫道:"你这是明显的犯规!"

"我这可是好多了,要是锺书来,还跺你脚呢!"

"还踢你脚后跟呢!"

"还踩你鞋呢!"

"还用头撞你肚子呢!"

"还蹦起来一个盖帽,打掉你的眼镜呢!"

几个同学起哄地学着锺书的笨拙的动作,逗得其他几个人不住地大笑。

"水房这么一布置还真漂亮。"

"是班长和高年级的几个同学布置的。"

"不对,班长在教师办公室布置呢!"

"是先布置完水房以后才去的，我亲眼看见的!"

"你那个大酒瓶子底，能看得清什么呀?"

"我这副眼镜还是德国进口的呢!"

"人家钱锺书的眼镜没你的好，怎么样?"

"是呀，钱锺书到哪儿去了?"

一提起钱锺书，同学们又议论纷纷起来。

"你们知道吗? 钱锺书上英语课不记笔记。"

"他根本就很少上英语课，那笔记怎么记?"

"即使他上课，看的也不是英语教科书。"

"我也发现了，他看的是英文原版小说。"

"什么小说呀?"

"是'圣经'!"

"不对，是字典!"

"是小说，下课我看过的!"

"锺韩，锺书那么爱看英文书，上个周末回家，看什么书呀?"

"看《小说世界》《红玫瑰》《紫罗兰》……"

"这都是杂志。"

"旧小说，他早就看过了。"

"他路上看什么呀?"

"当然是看风景了，笨蛋!"

副班长瞄了一眼说蠢话的同学，端起了脸盆。

"还有字典!"

锺韩也把毛巾放进脸盆，端起盆向外走。

"钱锺书真怪，爱看字典。"

"那天在宿舍，一中午，他把字典从这一页翻到另一页，又从另一页跳到这一页，翻过来跳过去，那个专心，起床铃都听不见，要不是我叫他，别人非以为他睡过了头儿不可。"

大高个把脸盆一翻，差点把毛巾掉到地上。

"那天我问他，为什么你的英语成绩总是那么好，在班上总是第一？"

"他是不是这么说的？"

副班长模仿钱锺书按书页的动作，按了按毛巾，弓起右手食指向上推了推眼镜边，微微一笑，学着说道："上课用的教科书是教师编写的，编得再好也是中国式的英语，只有英语原著才是地地道道的纯正英语……"

"没错，就是这样！"

大高个接过副班长的话学道："所以，学英语应当从读原著入手。"

"更难得的是，他中文也那么好。"

"去年刚入校，他中文竞赛得了第七名。我听说，一个刚入校的新生，能取得这样高的名次，在咱们桃坞中学是史无前例的。"

"所以校长、老师都偏心他，处处护着他。"

个子最矮的同学一直没说话，这时忍不住说道："可他偏科太厉害,算不得全才。要说还是锺韩强一些。"

"说锺书呢,提我干什么?再说,我的中文和英文确实比不上大哥。"

锺韩说着,脸红了起来。

"好,不说你,不说你。不过说实话,锺书的数学确实很差。"

"其实他根本不学!"

"他对数、理、化这些课程,真可谓深恶痛绝,成绩统统不好!"

"也不尽然。"

锺韩和同学们各回宿舍,放好盆出来,等齐了一起向食堂走。接着刚才的话说道:"他的生物课成绩不是也很好吗?"

"这个秘密我知道。"

小个子得意地一跺脚后跟。

"他爱读严复译的《天演论》。他对严复的才辩非常佩服。可以说,他在无意中获得了不少生物学知识。锺韩,你说是不是?"

"没错,锺书的生物课成绩并非真从生物课上得来。"

"他的自学能力,咱们中真的是无人能比。"

"他记东西就像照相一样,咔吧一下,一页过去,哪像咱们一个字一行行地去啃。"

"他在中文和英文学习上的刻苦,咱们无人能比。"

小个子边说边上前推开了食堂的木门。

几个人说说笑笑,走进静悄悄的食堂。

"哟,今天咱们是第一拨。"

"看清楚了,老兄!"

锺韩朝食堂边上靠窗的座位一指,只见钱锺书穿着蓝灰色的中式棉袄,梳着不太整齐的分头,戴着黑边圆眼镜,正在专心地看书。他右手拿着笔,不时地在笔记本上抄写着字句。桌子下面传来鞋底磕地的"嗒嗒"声。

"好哇!钱锺书,原来你在这儿!"

锺书迷惑地抬起头,看着眼前奇怪的景象,脑子里边缠绕着书中的词语。

"刚才我们打篮球,缺一个人,锺韩把宿舍、教室、图书馆都找遍了,也没找到你,原来躲在这里'雪夜闭门读禁书'呢。"

副班长笑着解释了一下,走过去拿起桌上的书,用英语念道:"《天演论》,赫胥黎。"

"你不是读过了吗?"

"那是中文,是译的,这是英文的。"

锺书伸个懒腰,站起来活动了一下腰腿,接着问:"你们干吗不早点说?谁赢了?"

"当然是我们赢了!"

大高个一拍胸脯,伸出拳头,跷起大拇指指向自己。

"又是你们赢了,明天下午早点叫我,非赢你们一回不行!"

这时,其他同学也纷纷走进食堂,屋里变得嘈杂起来。

副班长不由提高了嗓门:"锤书,你刚才没回答我们,你今天怎么跑到食堂来了?"

"这还不简单?这里比图书馆暖和,在这里读书不会误了开饭时间。"

"哈哈!昨天没吃上晚饭,今天就学乖了。"

"谁让你看书那么入迷。老师闭馆喊同学去吃饭你也听不见。"

"老师吃完饭回来一开门,我就开始肚子饿了,哈哈哈哈……"

锤书开怀大笑起来,其他人也跟着笑起来。

过了元旦,学校便赶快进行考试。这一年的元旦与春节只相隔二十多天。

考试结果下来,和高小毕业差不多,锤书只是中文、英文较好,锤韩则是门门功课均好。想到爹爹寒假从北京回家,将考察自己的功课,锤书的心里不禁又乱跳一番。可想到四叔和气的笑容,心里又踏实了一些。

一进家门,姆妈首先跑过来,拿起锤书的行李,一个劲地用袖边擦眼睛。大伯母、母亲也领着弟妹跑出来。弟弟妹妹的嘴里不住地喊着"大哥""二哥"。

姆妈飞快地又跑回来,朝锤书的母亲说:"您看,先哥儿长高了,可是瘦了。"

大伯母也高兴地说:"要是他大伯伯还活着,爷俩站在一起,怕是一般高了。"

"半年哪能长那么快,倒是多了点洋味道。先儿,还不快走,快看看爷爷去!"

基厚一手一个牵着锤书、锤韩走过第二层院子,看见爷爷站在棉门帘外边,正笑吟吟地看着他们,太阳光照在他的脸上,暖洋洋的显得格外慈祥。

"两个洋学生回来了?还是家里的太阳热乎吧!"

"爷爷好!"

两个人异口同声地喊道。

"爹,这两个孩子还是蛮争气的,国文、洋文都学得好。"

"是吗?给我说一段听听。"

"……"

锤书和锤韩齐声背诵着一篇课文。

"好好,不用背了。爷爷听不懂洋文可也听出来了,背得流利,不打顿结。国文不用讲了,西方那些洋功课怎么样啊?"

"您指的是数、理、化吧!这些功课还是锤韩略强一些。"

"刚才收到基博的信,说寒假时间短,回家路途遥远,他也想看看北京的春节，所以今年就不回来了。基厚啊，这过年的事，就由你去张罗了。明天二十三祭灶，从明天开始，你就少往县里跑几天。子兰媳妇，你的烟少抽两口，多管管家里的用人。基博、基厚媳妇，你们也都在这，管好孩子。年节乱，别出什么差错。好了，锺书、锺韩玩去吧！"

钱祖耆挥了挥手，又追着喊了一句："教教你们的弟弟，啊！"

"嗳！"

锺书、锺韩一转身，推着弟妹跑向后院，基厚跟着父亲进屋，媳妇们各自回屋。

锺书带着弟妹们来到后花园，给他们讲故事，说笑话。他那发自内心的喜悦，感染着弟弟妹妹，使他们跟着他笑，跟着他乐。他听到父亲不回家的消息，怎能不高兴，他觉得自己像一只小鸟飞入天空，在蓝色透明的无限空间自由地翻腾飘舞。

"先哥儿，你带了这么多书回来看？"

姆妈收拾着锺书的行李，羡慕地看着锺书的书包。

"这还多？图书馆就剩这么几本了。"

"都是些什么书呀？"

"这是《小说世界》，最新一期的，里边全是小说。小说就是说书人把他讲的故事写下来。这是《红玫瑰》，这是《紫罗兰》,也都是小说。"

"先哥儿,你要是看完了这些书,是不是也能说书呀?"

"姆妈,您听了戏是不是就能唱戏呀?"

"不能,当然不能。"

"所以说,小说是看的,不是用来说的。不过您说的也有道理。有些小说是先说后写,也有很多书是先写后说,比如西洋歌剧、话剧,不都是先写出剧本然后再演出吗?古代的元杂剧,不也是这样的吗?……"

钱锺书陷入思考。姆妈听不懂他在说些什么,干自己的活去了。

第二天,东林小学的同学来找锺书、锺韩。胖大傻递给锺书一张纸,上边列着一些小说的名字。

"这是我看过的。"

"《说岳全传》《水浒》《西游》《说唐》《七侠五义》《歧路灯》《三言二拍》《济公传》《西湖佳话》《聊斋》《绿野仙踪》。"

读到这里,钱锺书一抬头,问胖大傻:"这本书可否借来看看?"

"没问题,明天就拿给你。还有《红楼梦》《儒林外史》,我看不太懂。"

"拿来我看!"

"看完了，我可要向你请教！"

"谈不上请教，一块聊聊而已。"

锺韩拿过纸条看了，也指了几本书向胖大傻借阅，胖大傻无比痛快地答应下来，他为他能比钱家哥俩多看过几本书感到无比自豪。

"咱们逛逛书铺去吧！"

钱锺书向几个老同学提议逛书铺，是因为他很怀念小时候常常坐着看书的小板凳、小伙计、小老板、老木头书架和旁边不断传来的嬉笑、谈话以及市井喝骂之声。坐在那里仿佛能看到伯伯的影子，感觉得到他那亲切的呼吸。

"苏州学生是不是请我们无锡学生喝杯茶？"

"无锡同学是地主，自然应当先尽地主之谊，这点优先权，我们是不敢抢占的。"

锺书拉锺韩坐下。胖大傻站在书架前，目光在书脊上搜寻着。其他几个同学有的坐下来，有的站到胖大傻身旁，也把目光投向书架。

"别不说话呀，地主先生们。"

锺书扶了下眼镜，眼睛笑眯成一条缝，说道："我说一个题目，你们要能说得清，就免了你们的地主权利。"

"哈哈！你要请喝茶了。"

胖大傻空着手离开书架，站到锺书的对面，催促道："快说快说！"

"好的。你们说，世界上是先有的鸡还是先有的蛋？"

"这还不简单。"

胖大傻不屑地看了一眼所有的人,说道:"当然是先有的鸡,鸡下蛋嘛!"

"蛋孵鸡嘛,鸡是由蛋孵出来的,当然是先有蛋!"

另一个同学不服气地争辩着,双手比画着圆圈。

"没有鸡哪来的蛋?"

"没有蛋哪来的鸡?"

"鸡蛋、鸡蛋,'鸡'字在前,'蛋'字在后,就是证明。"

"驴蛋、马蛋、狗蛋、粪蛋,都是'蛋'字在后,这是用先有的东西来分类后有的新东西,所以说'蛋'字虽然在后,却是先有的。"

"从生物进化讲,狗、驴、马、牛都比鸡出现得晚,自然也就比蛋出现得晚,所以这些东西是不能拿来比的。"

"那鸡蛋、鹅蛋、鸭蛋、鸟蛋都可以比吧!从蛋可以分出它们的种类。"

"从它们的形体,也能看出蛋的大小。"

"蛋如果是坏的,就孵不出小鸡。"

"鸡如果不育,也下不出蛋来。"

钱锺书嘿嘿一笑,打断他们的争论:"争得口干舌燥的,快买壶茶解解渴吧!"

锺韩也幽幽地一笑:"我也看着口渴。"

胖大傻无奈,只好付了茶钱,几个人边喝边聊,想起蛋和鸡,不免又争论几句。

从腊月二十三祭灶到正月十五闹元宵,由于钱老太爷兴致很高,加上比平日多了锺书、锺韩,再加上串门的亲戚朋友多起来,尽管少了钱基博,钱家大院似乎还是比往年热闹了许多。

没人管束的锺书,恣意地上街逛书铺,逛字画铺,逛纸笔店,看花会,看灯会,看庙会,尽情地读小说、读杂志、读剧本、读诗歌。母亲不无担忧地说他两句,但又说不过他,只好先由他去,等基博回来再说。倒是姆妈看着锺书整天乐呵呵,心中十分快慰,不时地考问考问他。

"先哥儿,咱们无锡为什么又叫梁溪呀?"

"这是因为城西南有一条小溪,是汉代著名的隐士梁鸿和他的妻子孟光,两个人'相敬如宾''举案齐眉'的地方,所以就取了大隐士的姓,叫梁溪。"

锺书说到这儿,眉毛一挑。

"您说怪不怪,偏偏是要隐去名声的人反而大出风头。"

"不能对古代的贤人不尊敬。"

姆妈假装生气。她又问:"你说无锡为什么叫'无锡'呀?"

"这是因为远古的时候,忽然一天发了山洪,真是洪水滔天,犹如万马奔腾。有一位砍柴少年,急忙背起母亲逃命。可是洪水追得真快,少年眼看跑不掉了,用身体挡住洪水,保护母亲,洪水一下子淹没了母子二人。等大水退去,淹没母子二人的地方留下了宝贵的锡矿。天长日久,在这块土地上生存的人们,便采锡为生。到汉代,也就是差不多两千年前,锡被采光了,消息很快传出去,于是便称这块地方为无锡。"

"城南的湖为什么叫太湖?"

锺书调皮地一笑,拿起书,一边看一边说:"这个湖真大呀,用大形容还不够,比大还大一点,于是在大字下加了一个点。"

"又开始拿姆妈开心了,算了,读你的书吧!"

"姆妈,您去过苏州吗?"

"小时候去过,比咱们无锡还要美。"

"那你跟大伯母说说,和四叔一块送我们上学,不是又可以看看苏州了。"

"这寒冬腊月有什么好看的,春天才叫好看呢!"

"真的吗?开学以后不就是春天了吗?"

锺书的眼神露出幸福的憧憬。他只想着无拘无束地读书、游玩,完全没有意识到这样下去,会祸事临头。

第八章
始知发愤

冬去春来夏又至,热气蒸天暑假归。浑浑噩噩六个月,滥读杂书排成堆。

只道回家如纵虎,心中得意喜气吹。进门一说果然是,爹爹未定几时回。

锺书暑假回家,照例先看望爷爷,爷爷考问一下成绩学业。然后再看望大伯母、母亲,和弟妹们说笑玩乐一番,展示一下口才,逗得弟妹前仰后合,前围后绕跟着他胡跑一气。

锺韩背着假期作业去了外婆家,说是十几天就回来。城里的小学同学大多去了乡下,也有少数几个去了上海、北京等大城市,剩下的人不多,所以锺书很少上街,一心在家读他的剩闲书。蚊子咬,天气热,在别人实在是难以忍耐,在他却好像不需要怎么在意,因为他一心扑在书的世界里。只是睡觉没钟点,起床没钟点,吃饭也常常不守时,穿着更是随便。皮鞋往床下角落里一踢,要不是姆妈精心擦亮收好,到开学的时候恐怕都不能穿了。

假期眼看着过了二十多天,一天中午,锺书又因为看书耽误了吃饭的时间。姆妈催了好几次,他总是一句"马上就来"。"马上"到底是多长时间,从古到今还没有确定过,这天钱锺书的"马上"时间长达四十分钟。姆妈心细,在收拾饭桌的时候,给锺书留下一碗菜一碗饭。锺书抱起来就往嘴里一通乱扒拉。正在这时锺韩忽然跑了进来,一看锺书还在吃饭,而且是剩菜剩饭,就开玩笑地说:"锦衣没得穿,玉食没得咽,烂书倒有几薄本。"

锺书含着半口米饭接着说道:"茶饭虽粗而无味,但口里有书香,你待怎样办?"

"三伯无锡街边走,如闻天上雷公吼。"

"假期已过半,不见回家走。小猪也想吓唬狗。"

锺韩看着锺书嬉皮笑脸的模样,焦急地说:"我没骗你。刚才我和爹爹一下船,就在码头边的铺子里吃小笼蒸包,哪知忽然看见三伯从街上走过,我爹忙叫住三伯,一起吃了包子,刚刚进的大门,爹和三伯去爷爷房里了。"

锺书不屑地一摇头。"别逗了,装得倒还挺像。"

"你怎么就不信呢?三伯本来要坐火车回来,因为打仗,铁路不能走了,只好又到天津改坐轮船到的上海,然后又坐车回到无锡。路上一耽误就是将近一个月,又多花了不少冤枉钱,这时候可能还在火头上,你当心点吧!"

锺书倒吸了一口凉气,饭也吃不下了,一推碗,向外就走。

"我看爹爹去!"

姆妈忙喊道:"吃完了饭再去呀!"

"吃饱了!"

锺韩跟着锺书跑进爷爷的房间,只见锺书一进门,忘记了先问爷爷好,直接跑到钱基博的面前,激动地说道:"爹爹,您回来了。"

"想爹了?"

"又想爹回来,又怕爹回来。"

爷爷和四叔基厚都哈哈一笑。

"这孩子真说的是实话!哈哈哈哈……"

基博慈爱地捋了一下锺书鬓角的头发,盯着锺书的全身上下仔细打量了一番,不由地微微皱了一下眉头,但还是充满欣喜地说道:"先儿长高了,也更结实了,怕比我还要高一点儿了。"

"一年没见了,还能不长高?人家吃洋面包,喝洋墨水,可就是别长个洋大个。"

爷爷打趣地看着两个孙子,接着说道:"锺韩还不是一样,看长势,将来比锺书个儿高。"

"先儿,爹和爷爷说会儿话,你和锺韩先玩去,啊!"

锺书满怀着父子亲情和温情,和锺韩出门聊天去了。

锺韩同情地看着锺书,说道:"我其实也挺害怕三伯的,他老是那么严肃,也不爱说笑。"

"四叔就好多了,老是笑着看人,一说起话来真是口若悬河。"

"你爹的学问其实比我爹大多了,要不怎么能去清华当教授!"

"我爹确实有学问,写的书多,也写得有深度,有新意,有文采,不然的话,大名家张謇老先生怎么可能赞赏他是'江南才子'呢?"

"听说他还赞过另一个人也是'江南才子',好像姓杨。"

"姓杨名荫杭,字补塘。也是咱们无锡人。我爹还参加过他办的'理化会'呢!"

"对!是杨荫杭,我爹和三伯一起参加的'理化会'。"

"杨荫杭先生先留日两年,后留美四年。'民国'后任京师高等检察厅厅长,因性格耿直,执法不阿,毅然逮捕贪官交通总长而受排挤,罢官回乡。这段故事在报纸上写得很精彩。回来后任咱们江苏省高等审判厅厅长兼司法筹备处处长、律师,翻译过很多政法名著。"

"你又是从哪儿看来的,这么详细。"

"图书馆的报架上,杂志架上,有的是。你记得去年北师大发生的'女师大事件'吗?那位校长杨荫榆竟然还是荫杭先生的胞妹。"

"一家子出两样人,真不可思议。"

"鲁迅先生的《寡妇主义》也算骂得尽兴了。"

"我很佩服鲁迅先生,他的小说真是精彩。"

"鲁迅先生不止开白话文之先河,并且将白话文在他手里完善,真是难得。"

"大哥,你可是喜欢古文的。"

"只要写得好。你说鲁迅的哪篇小说最好?"

锺书不等锺韩回答,径直说下去:

"我认为《阿Q正传》写得最好,揭示人的劣根性,讽刺辛辣,幽默机智,是千古难得的好文章。"

"郭沫若的《女神》《炉中煤》是诗中的精魂。"

"我不喜欢现代诗,太白。"

"可是更激动人心。"

锺书不愿与锺韩争辩,忙转换话题。

"爹好像很疲惫的样子。"

"我看三伯精神蛮好,很高兴的样子,不像刚在街上遇到时的样子。"

"爹知道我的成绩以后,恐怕就高兴不起来了。"

"要是大伯伯在就好了。就不用你爹管了。"

"伯伯最好了,是最好的人。"

"当然了,大伯伯就你这么一个宝贝,三伯却有四个孩子,我们家有五个孩子。"

"一个又怎么样?"

"一个当然是舍不得打,舍不得骂,怕累着,怕冻着,怕饿着,怕渴着,怕吓着,怕碰着……"

"你能说出多少个怕?"

"你要是不打断,可以一直说下去。其实,你爹管你严点是必然的,谁让你是长兄呢!不管是自家还是全家族,你都是个榜样,是要做出样子给弟妹看,给弟妹学的。"

锺书有点不耐烦地打断锺韩的话,说:"各人做各人的嘛,何必那么累!你这次回外婆家,有什么好玩的?"

"还真有几个新鲜事……"

锺韩说得正起劲,姆妈老远地喊道:"先哥儿,锺韩,三老爷叫你们去呢,在大厅里。"

"知道了。"

锺书赶忙理理头发,整整衣服,随着锺韩走入大厅。

"你们俩坐下!"

钱基博的目光缓缓地在他们脸上移动着。

锺韩觉得三伯的目光,当停留在自己身上时是温暖而欣慰的,当移到锺书的身上时却充满了忧虑。

"你们俩的学习成绩我已了解了。锺韩的数学成绩那么好,先儿你为什么那么差?"

"数学……"

锺书嗫嚅着不知怎样回答。

"你不是很能说的吗?怎么没词啦?我也不用你回答,我也不考你数学。我在清华教书一年,又认识了很多学者名流,学生中藏龙卧虎,尽是无可限量的才子,你们如果往里边一站，恐怕连个影子都找不到。现在，我给你们出个题目，在一个时辰内做完，看看这一年到底有没有进步。"

钱基博提起毛笔，分别在两张纸的开头，题写了题目，并限令他们用毛笔书写。

"不许用钢笔、铅笔，只许用毛笔，用羊毫笔。先儿，你把墨研浓，不准用淡墨。也不必拿回去，就在这里写，谁先写完，我先看谁的，开始吧！"

大厅里静悄悄的，通过窗户透射进来的阳光，从基博拿着书的手上移到西面的墙上，又移到窗外，只在院子里的砖地上洒下一抹金黄的余晖。用人和孩子不时地向大厅探望，那一双双惊奇的目光，把一种不安的情绪在相互间传递。

"今天的晚饭可能要晚一点吃！"

一个刚刚买了一提篮熟食卤肉的用人，一边向厨房走，一边向正在院边窥视的姆妈说着。姆妈全没在意地随口"啊"了一声，倒是旁边几个孩子欣喜地围上来看篮子里的好吃的。另一个女佣笑道："你这么晚才买菜回来，当然晚了！"

"这是熟肉，再晚也不晚。今天三老爷回府，老太爷吩咐要丰盛一些。因是蒸、煮、熬、炖的费些工夫，所以那些生菜，我一早起来就买好了！哪能等到这时候？"

"我知道，不过和你说笑两句，看把你话匣子勾开了。"

"回头再跟你说。别翻了,别翻了。"

挎篮子的用人拍开孩子们抓着盖布的小手,一扭一扭地走了。孩子们在后边指着她的背影,连比画带模仿地说笑着。

"嘘——"

姆妈紧张地把食指竖在嘴唇上,目光严厉地盯着几个孩子。孩子们安静下来,悄悄地围上来。只听姆妈带着颤音说道:"老爷发脾气了!"

"咱们快回去吧!"

锤纬拉起几个弟妹就跑,边跑边说:"城门失火,殃及池鱼。陪打的事咱们不能干。"

"锤韩哥这回要当池鱼了。"

"你怎么就知道一定是打大哥?"

"我偷看过爹爹拧大哥,还不许他哭。"

"大伯父死了以后,爹就允许大哥哭了。"

"爹不会打锤韩哥的。第一爹爹从来没打过锤韩哥,第二咱爹不是锤韩哥的爹,要打只能四叔打。"

"不光我爹能打锤韩哥哥,三伯也可以打。"

"对!长辈打小辈统统可以打!"

"古书上还说,爹打死儿子白打,不偿命的!"

"也不用坐监牢!"

"那咱们小孩子不是很惨!"

"虎毒不食子,爹打孩子为孩子好,怎么会打死呢?"

"万一失手呢?"

"只照屁股打,只照肉厚的地方掐,怎么可能失手呢?"

"'爆栗子'就是打头。"

"'爆栗子'真疼啊!"

"'爆栗子'也打不死人,一代一代打了几千年了,也没听说哪个人是让'爆栗子'打坏的。"

"别说了!好像咱们应该挨打似的。"

"对!刚才谁说打不坏来着,咱们让他试试!"

几个孩子哄笑着,扯打成一团。

"你们还胡闹呢,也不看看时候。"

大伯母的大丫头低声吼道,匆匆走过去,奔向姆妈打探消息。

"你听,打上了!打先哥儿呢!"

姆妈擦着眼睛。

大丫头伸长了脖子,听得还真清楚。只是分不清是用戒尺打手板还是用板子打屁股。

只听基博每狠狠地打一下,就恨恨地说一句。

"懒起晚睡——"

"叭……"

"乱穿衣服——"

"叭……"

"插科打诨——"

"叭……"

"胡闹全会——"

"叭……"

"正经文章——"

"叭……"

"反而倒退——"

"叭……"

"不文不白——"

"叭……"

"词意怪诞——"

"叭……"

"用字庸俗——"

"叭……"

"字迹潦草——"

"叭……"

"读弟文章——"

"叭……"

"还有脸面?——"

"叭……"

"爹,先儿知错了!"

"三伯,别打了!大哥的国文一向比我好,只是偶尔一次没写好。"

锺韩怯生生地这么一讨饶,反而使基博更加气恼。

"看看弟弟——"

"叭……"

"你好意思?——"

"叭……"

"我不在家——"

"叭……"

"由你胡为?——"

"叭……"

"…………"

姆妈在门外越听越急,忙冲大丫头说:"快去请大奶奶来!"

大丫头恍然大悟一般,急忙奔向前院。

姆妈自己先奔向后院,急叫锺书的母亲,然后再奔向前院叫锺韩的母亲。妯娌三人先后奔入大厅。

大伯母第一个闯进大厅,一把拉住基博的袖子,严厉地瞪着锺书训斥道:"锺书,又干什么了?看把你爹气的,刚进家门就惹你爹生气。老三,该吃饭了,今晚你可得好好陪爹喝两杯。"

母亲小心翼翼地给锺书穿好衣服,说道:"你这孩子真顽皮,看起书来十足一个书呆子,放下书本就全没正经,以后可不能再惹你爹生气了。"

锺韩的母亲看了锺书的伤处，拉起锺韩说："三伯，刚进家门别生那么大的气。该吃饭了，我来叫锺韩，没想到正碰上您发那么大的火。"

钱基博余怒未消地站在那里，说："四婶，要是锺书能有锺韩的样子，我就不发火不生气了。"

"看您说的，锺韩哪能比得过锺书呀？论文采，论巧思，论博学，也就是数学可能略强一点罢了。要不咱们两个换换？"

大伯母过来看了看锺书，冲其他人一挤眼睛："快别说那么多了，赶快吃饭去吧！三伯您先去，我这就请爹去。"

"大嫂，还是我去吧！这不基厚来了。让基厚看看他们的作文，就知道锺书是不是该打。"

钱基博把两篇作文递给基厚，然后一挑竹帘，去后院接父亲吃饭。

基厚把两篇作文叠好，往衣兜里一装，挥挥手说："先吃饭去，先吃饭去。"

"到底写的什么呀？"

"哎呀，别啰唆了！"

"你说写文章有什么好，自古写文章惹祸的有多少？你看，锺书也是写文章挨打吧！"

"你就爱胡说。快走！"

基厚白了妻子一眼，率先出门。

大伯母和母亲也纷纷冲基厚妻子说:"阿先写文章和你说的可不搭界。"

"先儿写文章怎么会惹祸呢,是他写得不好嘛!锺韩写得好,不就没事?"

"哎呀!说不过你们。快吃饭去。锺书走啊!"

锺书趴在那里还在呜呜地哭。

锺韩来拉他,大伯母也来拉他,他就是不肯动一动。母亲来拉他,见还是拉他不动,便朝其他人一笑:"大小伙子了,刚挨了打,不好意思见人,咱们先走吧!"

众人你看看我,我看看你,悄悄一笑,会意地放轻脚步,鱼贯而出。锺韩依依不舍地回了几次头,还是只得跟着走了。

吃晚饭时,爷爷不见了长孙,派人来喊,见喊不来也就算了。

晚饭后,天黑了下来。一家人大大小小几十口分在前后院子里乘凉,只剩下锺书一人仍旧躲在大厅里暗泣。

姆妈悄悄留下一碗饭,饭下藏着无锡排骨和肉馅面筋,刚要走出厨房,意外地看见钱基博走进来。基博见她手里端着一碗白米饭,上面只有一点油菜,便说道:"这怎么行?再加四个肉丸子,一个鸡腿,几块鸡肉。不好好睡觉,再不好好吃饭,时间长了,怎么得了?"

姆妈的眼眶里汪上了眼泪。

基博接着说道:"先儿吃完了饭,你来叫我,我在爹门口。"

"是,三老爷。"

姆妈跟着基博出了厨房,看着基博走入后院,自己端着碗,小心地走进黑暗的大厅。循着哭泣的声音,姆妈很快找到了锺书。锺书也累了,饿了,经姆妈好一阵劝说,便大吃起来。

"这饭,菜,是三老爷吩咐送给你的。"

"姆妈,我是不是太不长进了,作文还不如锺韩写得好。"

"先别说这些了,快吃吧!一会儿三老爷可能还要找你呢!"

"爹那么远从北京回来,我还惹他生气。我要是写出好文章,大伙都高兴,不是吗?"

"是啊!别说了,快吃吧!"

吃完饭,姆妈收拾好碗筷,刚推开帘子,迎面撞见基博,忙说道:"三老爷,先哥吃完了。"

"今天倒是细嚼慢咽了?你先去吧!"

说完,钱基博从姆妈挑起的竹帘下一侧身,走了进来。姆妈随后走了出去。

"先儿,过来。"

基博拉亮电灯,锺书快步走过来,立在对面。

"先儿,知道伯伯为什么给你取名'仰先'吗?"

"知道。我出生那天,有一位朋友给伯伯送来一本书,书名叫《常州先哲丛书》,按照习惯,就从书名中取了'先哲'两个字,取名'仰先',字'哲良'。"

"为什么后来又把字改成'默存'?"

"让我少说多做,为人谦虚。"

"你在画的落款,为什么自署'项昂之'啊?"

"项羽是我喜欢的英雄,'昂之'就是我想象中的项羽的气概,所以我给自己瞎起了个名字。"

"你的画画得不怎么好,这个名字倒还将就,要有志气。"

基博看看儿子的身子,欲言又止,犹豫了片刻说道:"疼不疼?你要知道,咱们钱家在你们这一辈,亲的、堂的兄弟共有十人,你是老大,你要是做不好,弟弟们就不好管了。你要是总这么随随便便不着调,弟弟们学着你,怎么得了?舞文弄墨,爹最器重的是你,可你偏这么不争气,自行荒废,爹多失望多生气。"

"爹,我知错了。"

"好了,早点去睡。明天读读这本《古文辞类纂》,过些日子再读《骈体文钞》《十八家诗钞》。读书不光要博,而且更要精,要读些见识深、文采好、音韵美、益思考的书,杂书读得太多,不分良莠盲目仿学,反而无益。好了,睡去吧!"

基博关上电灯,带着锺书走出大厅。锺书抱着书悄悄地走回房间。

从第二天起,钱锺书暂时放下了那堆小说杂志,放下了同学送来的一堆剩闲书,专心致志地研读《古文辞类纂》。

第九章
寄情山水

钱基博在家不过二十几天,便又匆忙北上了。临行前,他又给锺书开了一张书单,顺着书名一溜扫下来,锺书一望而知都是些古奥的文字。虽然不像小说那样读起来省力养心,但却使人振奋,锺书就在这时感到一种无名的兴奋。

新学年离家,本应由钱基厚送两个孩子去苏州,但是,近日来时局更加动荡,县里的事也多得使他难以分身,锺书、锺韩更觉得自己长大了,不必大人亲送,于是由男佣将行李挑到码头,送上船。到了苏州,一上岸便雇人把行李送到学校。一些先到的同学,见他俩背了这么多行李,竟然没有大人送,脸上露出惊讶的神情。等到宿舍一打开包,便有同学打趣他们:"学校这么多书,还不够你们读的,又从家背来这一大箱书。"

"是不是嫌学校图书馆太小,要送点书给学校?"

"这么好的书送给学校,太可惜了。"

"洋老师可看不懂这些书啊!"

"哎哟,都是老古董嗳!"

一个同学说着就翻起书来,锺书一巴掌轻轻拍在他的手上,笑道:"收起鼠爪,你又看不懂。"

"哎呀,要是有本数学书什么的就好了。"

"有啊!这不是《数学原理》?"

锺韩见锺书被同学说得有点脸红,忙从书堆中抽出一本书,指着让同学看清楚。那些同学更不示弱,继续说道:"哎呀,不错,有什么物理、化学书没有啊?"

锺书一笑,微红的脸也恢复到平日的神态,从容地说:"图书馆尽有,而且是最新的英文原版,你们尽可以仔细看。"

几个同学一听,无话可说了,因为原版英文的数、理、化专著,他们大多还不能阅读,他们知道锺书是在故意出难题,一时无话可说。有一个人很机灵,愣过片刻,马上请求道:"你给我们讲一个例题吧!"

这一下轮到钱锺书发呆了,可他脑筋一转,计上心来,正要说时,锺韩怕锺书答不上来,忙打圆场,把同学们请了出去,急得锺书直跺脚,没办法。

话说过去,事情也就忘了。剩下的时间就是下功夫读书。课堂的内容照旧使锺书感到乏味,于是他也就照旧不听,看自己的书。所不同的是,现在他看的大多是父亲布置的书;改不了的是,他对英文书情有独钟,尤其是英文名著,更让他如饥似渴,如醉如痴。

寒假又到了,钱基博竟然先于锺书、锺韩回到家中。

锺书一进家门,便被叫去大厅,等待着他的又是一张白纸、一杆毛笔和一篇作文题目。

使钱基博意想不到的是,锺书竟然稳稳坐下,一挥而就。他拿起儿子的作文,见文章辞藻华美,才华横溢,不由舒展眉头,见文中镶嵌了一些骈词俪句,竟然翻新出奇,不禁喜上眉梢。

"先儿,这半年的文章有一些进步,只是不够严谨,不够平实,有些狂傲。还要多看书,多练习。跟我去看爷爷。"

钱基博高兴地拿着锺书的文章,带他去看望父亲。钱祖耆看了孙子的作文,满意地点点头,笑道:"乡下人说,'男子十六,扛车掮轴'。你爹十六岁时以一篇四万字文章一举成名,你今年也满十六岁了。文章写得有点眉目,但还比不上你爹当年。俗话说'村中无大树,茄棵也称王'。刚才锺韩来,说你的国文、英文受到同学的一致吹捧,要小心,不要当茄棵,天下能人多得是,收起狂傲之气,养精蓄锐,长成大树。"

"爷爷说的要记住!"

"行了,让他玩去吧!"

锺书这才欢天喜地地回去看大伯母、母亲和姆妈。

寒假本身时间短,再加上春节、元宵热闹事多,时间就显得更短了。一转眼,钱基博又北上了,锺书、锺韩又去了苏州。春暖花开,日子好过,一转眼又到了暑假,一家人又聚回到一起。

这一年,钱家发生了一件大事,钱祖耆去世了。

办完丧事,钱基博写信辞去了清华的教职,他要按照传统为父亲守墓三年,因此不能远离家门,还要担起一家之主的重任。

钱基博把家里的事情安顿好,基厚则因为县里的事情不顺心,二人便一齐来到苏州,一来看儿子,二来散散心。恰巧这天是周末,所以父、叔、子、侄四人,便一起来到了号称"吴中第一名园"的留园。

一进门,走过一棵古松,浓荫蔽日,顿感一股凉风,爽洁无比。钱基博手指前面寻真阁左右一划,说道:"这座园子始建于明朝嘉靖年间,已经三百五六十年了。最早叫徐氏东园,后经战乱,毁坏严重。清嘉庆年间重建,并改名叫寒碧庄。"

说着话,四人走过一片绿荫,豁然看见一片精巧的湖光山色,绿树下掩映着亭榭楼台。小桥流水,淙淙有声。

钱基博接着说道:"这里就是寒碧庄的中心。五十年前,在它的东、北、西三面又进行了扩建,改名叫留园。就是我们今天看到的样子。"

"这里别有洞天。"

钱基厚说着,率先转过两个小门,带着大家走进一个精致的小院。假山石围着水塘,后面半藏着小楼,上书

"风雨楼"匾额。

锺书想起风吹雨斜的景象,仿佛坐在楼上读书,顿感几丝凄凉,夹着几丝惬意。

"你们看,这'风雨'二字虽淋不着,却大有风蚀雨淋的感觉。"

锺书、锺韩频频点头,左右端详,体味书法的妙处。

四人赏玩片刻,退出二重小门,走过明瑟楼,看过卷石山房,来到餐秀轩。背依西墙,向东边望去,仿佛置身在假山石构筑的盆景之中。再走过几座小桥,钻出几个石洞,站立几回小亭,锺书早已分不清东南西北了,只能跟着父亲转。

又经曲廊,走过半野堂;再经曲廊,登上定翠阁。锺书四下一望,留园尽收眼底,只是山石、花草、树木、楼阁错杂,更觉气象万千,幽幽不尽。真是诗在人前走,人在画中游。转身向外,灿烂的阳光下,远处一座塔熠熠生辉。

"那是云岩寺塔,就是俗称的虎丘塔。"

钱基博仰头看看太阳,转回身,一边下阁楼一边说:"它始建于五代周显德年间,建成于北宋建隆年间,离现在快一千年了。"

钱基厚也随着一边下楼一边说:"虎丘塔的平面是八角形的,共有七层高,仿照楼阁样式,用砖砌成。塔身由底向上逐层缩小,塔的外边,不是直的,而是微微向外鼓起来的曲线,十分优美和谐。"

"咱们怎么身在留园,却赞起虎丘来了?"

"哈哈哈哈……"

四个人不由地轻声笑起来。

"爹,贾宝玉进大观园,题写了很好的匾额,我看这里有些匾额就值得商榷。"

锺书指指"佳晴喜雨快雪之亭"接着说道:"这里便缺爱风之意。"

"你是否还要弄月呀?你爹不是贾政,你更不是贾宝玉,《红楼梦》还不是你该读的书。"

基博叹了一口气,指点周围景物:"你看,这么一个小小园子,竟然林木森茂,富于自然意趣,小小空间,密排下重檐叠楼,穿插起曲院回廊,而这一切并不让人感到拥挤。写文章,尤其是小品,就要有这样的妙思巧手。"

"三哥,前面是传经堂了。"

基厚兴奋地向前一指,向锺书、锺韩说道:"你们俩仔细看看,里面的装修和家具,都是咱们江南厅堂布置的典型代表。"

锺书、锺韩小跑着赶到前边,仔细观察起传经堂的门窗隔扇、房梁墙壁,还有桌椅书柜、床榻几案。看着看着,锺韩忽然隔窗发现了意想不到的东西。

"你们看,好大的太湖石呀!"

锺书顺着锺韩的目光看去,果然看见院子里有三座太湖石，其中一个特别高大。他转身出门，绕过传经堂来到大石前。锺韩和钱基博、钱基厚也随后走来。

"先儿，锺韩，这就是著名的留园三峰。"

"爹爹，好比您和四叔、徐彦宽师门三杰。"

钱基博得意地一笑，紧接着训斥锺书："不许乱比。看清楚，这中间一座冠云峰，是北宋花石纲遗物，高约九米，是咱们江南最大的太湖石。"

四人赏玩一会儿，又转进一座小门，基博又说道："这个园子是揖峰轩小院。你们看，庭中布置太湖石山峰，周围用曲折的回廊，把它们分割成若干个小空间，中间点缀着小树、杂石、鲜花、竹丛，宛然一幅幅精美的竹石图、墨石册页。这是小型庭园布局的杰作，正可谓疏可走马，密不透风。"

钱基厚看看揖峰轩，再看看房屋旁边的小门。"这是入口，咱们这是从入口出，反其道而行之了。"

"刚才咱们是从哪儿进来的？"

"是寻真阁，门口有一棵参天古松！"

"只要不是一处断墙就行。"

"即使断墙，进又何妨？"

"哈哈哈哈……"

四人同时笑了起来。

时近中午，四人在路边小饭铺草草吃了顿肉包子，便雇了车，往北去游虎丘。

坐在车上，看着旁边河道里络绎不绝的船队，基博叹了一口气，说道："这条大运河，既是隋炀帝的残暴铁证，也成了他唯一的大功劳。从杭州到北京，一千多年来，为中国经济的发展起了多大作用啊！"

"秦始皇也有这么一功兼一罪——修长城。"

"咱们刚才看的留园，结构紧密。拙政园境界疏朗，这两个园子是并称为苏州园林'两绝'。加上精巧幽深、小中见大的网师园，'假山王国'狮子林，于是就有了苏州四大古典名园之称。狮子林最怪，太湖石堆叠得玲珑俊秀。山上布满奇峰巨石，多数像狮子的形态，也有的像蟹、像鼋、像鱼、像鸟，真是千奇百怪，难以名状。"

"连石峰中间长出的古树，也枝干交错，绿叶掩映。从外面看去，俨然峰峦起伏，气象雄浑，像一座深山老林。"

基博看着锺书，问道："你去过几次？"

"周末不回家时，常坐在里面读书。"

"你倒是找了个好地方。可惜咱们无锡只有畅园、蠡园，又怎比苏州名园。"

"据书上说，宋、元、明、清各代所建的园林，惟苏州最多，有一百七十多处。所以人称'江南园林甲天下，苏州园林甲江南'。狮子林不仅石峰营造精妙，更有石洞盘旋出入，显得处处空灵。忽而登上山峰，忽而翻入洞穴。眼看山重水复疑无路，却又豁然开朗，柳暗花明又一村。明明相向而来，忽又背道而去。隔洞相遇，可望而不可即。看看似乎不远，走走却左弯右曲，往复盘旋，半天也绕不出来。极具岩壑曲折之幽，峰回路转之趣。有如进了诸葛亮的八卦阵，不知奥妙有几重。真是石不能言妙趣无穷，花应解语诗兴更添。"

基博满意地看着儿子问道："苏州古称平江，是春秋末期吴国人都城，是最古老的城市之一。你看城里有水道和陆路两套交通系统，住宅、商店和作坊都是前街后河。为了连接道路，城里城外共有大小桥梁多少座？"

"三百多座！"

锺书脱口而出，接着又说道："苏州园林秀，杭州西湖美，珠联璧合，并美于世，故有'上有天堂，下有苏杭'的赞辞。苏州园林是集山池、建筑、园艺、雕刻、书法、绘画等多种艺术形式于一体的综合艺术品。这样的园林，外国人是没有可以拿来比试的，所以可确认为天下第一。不过，像教堂、广场这样的建筑，我们确实比不过外国。还有剧院、图书馆、大学……"

正说着，车子到了虎丘。四人又聚在一起，走入"吴中第一名胜"。

锺书谈兴正浓，又向锺韩继续讲述他的话题："中国难得有公共建筑盖得好的，好的都是皇家宫殿园林，还有就是私人园林。"

"中国根本就没有公共建筑。"

"虽然没有广场、教堂、剧院、图书馆、大学,不对,大学是有的,还有寺庙。"

"得了吧,寺庙是和尚收钱的匣子。"

"是人们寄托精神的场所。"

听着兄弟二人的争辩,钱基博不由地喊了一声:"默存,谈什么呢?"

锺书一听爹爹喊他"默存",忙闭上嘴巴。随着大人登上耸立着古塔的小山丘。

钱基厚看着锺书的样子笑道:"苏东坡曾说过,'到苏州而不游虎丘,乃是憾事'。"

"相传秦始皇曾登此山览苏州胜境。"

"爹爹,楚霸王于此兴兵?"

"先儿,你哪点像楚霸王呀!"

"三伯,大哥最敬佩楚霸王了。"

"所以给自己起个名字叫'项昂之',对不对?"

钱基博朝锺韩投去充满笑意的一瞥,接着说:"山前这条路就是白公堤,是白居易做苏州刺史时修筑的。这是文人做的事情。"

锺书来到山前,举目四望,见青山苍翠,绿水回环,万树丛中点缀着各种建筑物,不由得想起宋朝王希孟画的《千里江山图》来,接踵而来的,是连篇累牍的诗词歌赋。正当他看得出神的时候,父亲在后面笑道:"先儿,要是去北京看了紫禁城,看了颐和园,真不知道你会傻成什么样子。可惜的是圆明园让英法联军给洗劫焚毁了。"

"颐和园听说是用海军军费建的。有人竟然说,用这笔钱买军舰,还不是被打沉,修了颐和园,倒给后人留下个美丽的去处。"

"这是放屁,葬天下苍生,肥一己之私。"

钱基厚怒骂不止。钱基博愤然追问:"先儿,这是谁说的?"

"一张报纸上的杂文,署名'无名氏'。"

"谅他也不敢署名!"

四人说着下到剑池。锺书、锺韩口渴,手捧着喝了几口水。等他们游完千人石、憨憨泉,试剑石、第三泉,时间还不到下午的一半,于是四人又雇车去了城东北最繁华的商业区——东桥。

身在繁华的商店、旅舍、酒楼之间,基博、基厚仍未忘情于山水园林。

"颐和园集江南园林之所长,真是一处胜景,十处胜景。"

> 紫金山虎踞龙盘,
> 万寿山王者之风。
> 玄武湖碧波万顷,
> 昆明湖船影斑斑。

苏州水城园林秀，

谐趣通幽海棠红。

云岩寺塔镇邪妖，

玉泉山塔日照明。

镇江三山争献秀，

龙王庙岛独弄姿。

瘦西湖奇枝异花，

山后湖诡树密林。

"爹爹，咱们无锡惠山的泥人！"

锺韩的一声喊，打断了基博和基厚的谈论。

"大阿福，在家里没见过这么大的。"

锺书捧起一个一尺多高的大泥人娃娃，掂了掂放下。

"你们是无锡人吗？"

店老板亲热地看着他们。

"我已经半年多没回去了，这里生意好。像这么大的阿福，只有在苏州、南京、上海卖得掉。咱们本地人倒不太热心喜欢它。"

说完话又看另外的店。

"东海的水晶古装仕女！"

"水晶仿古熏炉。"

"常州梳篦，我的正好坏了，买两把。"

"桃花坞木刻年画！"

"这可是苏州名产,有四百多年了!"

"我知道,有什么别的样子吗?"

"宜兴陶瓷!宜兴陶瓷!五朵金花……"

"什么五朵金花?"

"紫砂陶、均陶、彩陶、青瓷和精陶,号称'五朵金花',怎么样,买一件?紫砂陶最好,您真有眼力。我的货又好又便宜,今天没赚您的钱。"

锺书听着、看着、说着,觉得十分有趣。忽然他发现了一个美妙的世界。一个商店里,桌上摆着方木架框,圆木架框,框中间绣着姿态各异、活泼可爱的各色小猫。看着浓厚密实的毛丝,逼真逗趣的眼神,跃跃欲出的脚爪,真是心痒难挠。锺韩也凑过来一一观看。基厚看了后说道:"没有无锡的大。"

店老板接口说道:"无锡好卖嘛,南京、上海更好卖。孩子要是喜欢,我再便宜点,不赚你们的钱了。"

"谢谢,我们看看再说!"

四人接着向前走。

"南京板鸭!"

"阳澄湖大闸蟹!"

"无锡水蜜桃!"

"怎么比咱们无锡卖得还便宜?"

"茶叶店!进去看看。"

"碧螺春茶,价钱还可以。要是在去年,我一定买一些，好回清华送同事。"

"自己喝也很不错，价钱又不贵。"

"我爱喝西湖龙井。"

"越是本地人越不喝本地茶！"

锺书很奇怪地问店老板："这是为什么？"

"都这样！"

店老板悻悻地收起茶叶。

四人走出茶叶店，见太阳已落到树梢下，顿时都觉得肚子咕咕咕地叫起来。

"听说乾隆下江南时曾在松鹤楼用餐，颇有佳评。咱们今天破费一些，吃顿好的。"

基博带着弟、子、侄三人，坐车来到雕梁画栋的松鹤楼，昂然而入。

随着店员端上碧螺虾仁、西瓜鸡、清炒蟹粉、松鼠鳜鱼，基博、基厚已几杯黄酒下肚。锺书和锺韩则在一旁陪着喝茶。

"四弟，颐和园虽好，但也有学不来的。"

基博不觉又旧话重提。

"鼋头渚。'太湖最佳处，毕竟在鼋头。'从咱们无锡向南，太湖逐渐展开。登上鼋头，辽阔无垠的湖面一下展现在眼前。波浪滚滚，涛声阵阵，渔舟成群，千帆竞发，远山连绵，湖山绰约……"

"来来来，尝尝珍珠圆子。"

"太湖三山,四季如春,绿树成荫,繁花似锦,真是四面皆画、满山皆花的太湖明珠。"

"快着,上汤了,锤书、锤韩多吃点。"

"这叫锅巴汤,俗称天下第一汤。"

"昆明湖实际上是把西湖搬到了北京,北京便又多了一个冰雪的江南园林。"

"江南也有雪后美景。"

"但无冰湖千顷。"

基厚又举起酒杯。"喝完这杯不喝了。"

说完一饮而尽,喊店员上饭。

走出松鹤楼,基博对锤书和锤韩说:"你们回校吧,认真预习一下功课。我们听听评弹,明天再看看其他三个园子便回去了。我们不再看你们了,也不用你们来告别送行。"

"爹,昆曲更好听!"

"昆曲、锡剧那些在家听得多了,到苏州就要听评弹,你不要瞎出主意,快回去吧!"

"是,爹。四叔再见!"

"三伯伯再见!爹,我走了。"

四人相互挥了挥手,分成了两个方向默然离去。

放过寒假,再上一个学期就可以初中毕业了。

可是没过一个月,锤书、锤韩便背着所有行李回家了。

"怎么回事?"

"北伐军占领了苏州以后学校停课,我们只好回来了。"

"那就在家学几天吧。本城圣公会会友集资创办的辅仁中学采用新学制,课程内容也跟得上潮流。让你四叔去说说,就去辅仁吧!"

没过几天,锺书和锺韩便成为辅仁中学的学生。一年多以后,学校举行了一次国文、英文、数学三门课程的全校竞赛。锺书得了国文、英文两个全校第一名,锺韩得了数学第一名和国文、英文两个第二名。高中二年级的钱氏兄弟以绝对优势压倒最高年级的优秀生,在校内引起了极大轰动,成为辅仁双骄,也成为钱家小孩学习的楷模。

钱基博抚摸着右手中指弓起来的第二个关节,欣慰地笑了。他知道,再也不用拿它来凿大儿子的脑门了,"爆栗子"的时代结束了。

第十章
诗学渐成

还有一年就要高中毕业了,父亲钱基博对锺书的管教反而放宽了,甚至几乎不怎么管。这时他心里十分清楚,锺书不爱数、理、化课程,再逼也无济于事,绝不会有根本性的改进;锺书爱国文、英文,即使不管,其学识也日精月进,鹤立鸡群。

这天,锺书头也不抬地写完三张八行信笺,分装在三个信封里。他伸了个懒腰,活动一下脖颈,转几十圈眼珠,打一个长长的哈欠,站起来推开窗户,喊来用人,将其中的两封信交给来人。"请把这两封信交给我爹。爹要有事,到大奶奶房中找我。"

"是,大少爷!"

用人忽然降低了声音悄悄地说:"刚才又有人送书给三老爷,厚厚一大摞,崭新的!"

"有旧的吗?"

"好像没有。"

"算了算了。"

"那我先走了!"

用人赶忙转身。锺书看着他的背影叹息了一声,自言自语道:"八成又是我代写的序文。"

锺书暗自好笑地摇摇头,捏着剩下的信,向大伯母房里走去。

"阿先啊,昨晚我梦见你大伯父写给我的信就是这个样子的。"

大伯母拿着锺书刚写好的信,端详着信封上的字,接着说道:"阿先的字真漂亮啊,超过你大伯父了。"

"快别这么说,大伯母。"

"你大伯父听了不会不高兴的。他看见你写的信,一定高兴死了。"

"大伯伯知道您这么惦念他,一定更高兴。"

"哎,自从大伯父去世,你跟着我,吃了不少苦。我一个寡妇人家,除了月钱没有进钱的地方,娘家又败了,更没指望了。加上扔不掉的烟瘾,真是难为你了,你爷爷去了,这个家都靠你爹了,还有四叔。你现在大了,要争气啊!回头把这封信烧给你大伯伯,让他安心等着我……"

"大伯母,你怎么了,怎么净说这些话呀?"

"我也不知道怎么了,脑子里转的总是这几句话。"

正说着,姆妈兴奋地跑进门来,一边喘着气,一边喜气洋洋地说:"先哥啊,三老爷称赞你呢!说你文章做得好!"

"是刚写完的吗?"

锺书也兴奋起来,他还是第一次听说爹夸他文章写得好。

姆妈一个劲地点头:"是啊,是啊,就是那个写在墓碑上的。"

"咳!不是刚写的,是前两天为乡下一个大户写的,是墓志铭!"

"对!对!好像是夸奖死人的!"

姆妈不停地点着头,连眼角的皱纹里都堆满了笑。

"我亲耳听老爷对太太说的。三老爷还说:'先儿从代我写信开始,现在还代我写文章,钱目的书,我看了半天,没有什么可改的,便一字未动,照印不误!'先哥啊,钱目的书你也会啊?那银钱数目是管账先生的事,你什么时候也通晓了?"

锺书哈哈哈笑起来,说:"好姆妈,什么银钱数目呀,不搭界,是一个名叫钱穆的人写了一本书,书名是《国学概论》。他请爹爹写序,爹正著书,没有时间,就叫我写,我就胡乱写了一气。写完一看,还算凑合,谁知就凑合过去了。"

"哪里是凑合,老爷说你一肚子锦绣,怀里都是经纶。"

"哈哈哈哈,那是胸怀锦绣,满腹经纶。"

"对对对!是这词儿。"

"爹爹还说什么?"

"没了!"

大伯母见姆妈摊开双手,也笑道:"姆妈倒是学有三分像,要是词儿念准了,便有七分像了。"

姆妈不好意思地搓了下手,忽然想起什么重要事情似的,急忙说道:"都把我高兴坏了,连正事都忘了。三老爷的好朋友又来了,请先哥儿去呢!"

"是哪个?"

"就是那个瘦瘦的,嗓音有点哑。"

"是徐彦宽,三叔最好的朋友。阿先,快去吧!"

"徐叔叔常来的,很少叫我去陪。"

锺书一边说着,一边站起身来,收好写给大伯伯的信,大伯母看着锺书收信,不放心地叮嘱道:"阿先,烧的时候叫上我。要不,还是先放我这里,一齐去烧。要是烧不透,不吉利。"

"好吧!"

锺书知道大伯母不放心,只好把信留在桌上,从姆妈掀起的竹帘下钻出门去。

锺书走进大厅一看,坐着的客人却不认得。他忙向父亲问好:"爹爹好,您叫我来?"

"先儿,快过来向石遗先生问好!"

锺书心中一惊,难道坐在面前的这位其貌不扬的瘦小老人，就是诗坛巨擘，同光体三大诗人之一陈衍陈石遗吗？锺书不由深深一鞠。

"石遗老先生在上，晚生钱锺书拜上！"

"哈哈，钱锺书，钱默存，辅仁中学全校竞赛中文、英文两个第一名！"

"不敢，不敢。侥幸而中。"

"不必太谦。听说还有个钱锺韩。数学第一，中、英文第二？"

"他正巧不在家中。"

"你们钱家真是龙威虎猛，人才兴旺啊！"

钱基博忙说："哪里哪里。能得老先生亲临指教，也算是他们的荣幸。"

锺书听父亲话音，忙跟着说："请先生不弃愚陋，不吝赐教。"

陈衍忙欠了欠身，说："谈不上指教。不过多读了几首诗而已。"

"学生也好读诗。"

"犬子读诗也写诗，请石遗先生指教一二。"

陈衍忙又欠了欠身，说："前几次来，没有见到默存，实在遗憾。现在见默存龙睛凤目，更不必说什么指教二字，只是请把诗作拿出来赏读一番如何？"

钱基博一听陈衍应允当面指教，忙唤锺书去取诗。不一会，锺书便把诗拿回来，恭恭敬敬地递到陈衍的手上。

陈衍展卷细读，眼忽亮，眉忽扬，心潮起伏，胸中激荡。随着页码的翻动，陈衍的情绪渐渐平静下来，掩卷静思，长出一口气，说道："才华横溢，后生可畏。"

钟书一日连续听到古文大师钱基博和古诗大家陈衍的两番夸奖，难免喜形于色。父亲钱基博也是看在眼里，乐在心中。谁知陈衍话锋一转，说道："可惜，还是有点弱。"

钟书忙问："老先生的意思是……"

"默存的诗基本上还是香艳华丽的'才子诗'。虽然词彩绮丽，但缺少风骨。"

钱基博见钟书的面容，由自喜转为惶惑，犹豫了片刻，又转为企盼，便说道："老先生所言极是，请您明示。"

"作诗首先要读诗。显而易见，默存读的诗不少，但还不够，要细细体味。"

钟书默默地点点头，继续听陈衍讲下去。

"比方说吃菜，同样是红烧肉，不同的厨师，手艺可大相径庭。吃得少的人，分辨不出，吃得多的人，像项羽……"

"还有李逵、猪八戒。"

"对，每次囫囵吃下去，痛快淋漓，可仍是不辨滋味，只有多吃，且每次吃都留心品味，才能辨得出好坏。"

"所以读诗也要多读，多品味。"

"对,要体会意境,生成风骨,诗才会有味道。我学诗主要受宋诗影响较大,默存最好也能舍唐音而趋宋调,在意境和风骨上下功夫,看看宋代的绘画,多读书,少作诗。"

"多读书,少作诗?"

"诗看似容易实是难,仅凭激情,越写越滥,还是那句话,作诗首先要读诗。"

钱基博见锺书正在琢磨石遗老人的话,便插进来说道:"石遗老先生,可否将您写的《石遗室诗话》《宋诗精华录》等大作,给犬子详细讲解。"

"默存聪明,一点就透。拙作讲解一点心得也没什么,只是没有带来,你这里有吗?"

"正好都有,有的还是我大哥当年买的呢。"

"子兰兄英年早逝啊!"

"先儿,还不快拿书去。"

锺书忙飞跑进书房,找到陈衍的一摞著作,头上冒着蒸气跑回大厅。

陈衍耐心地讲解,锺书谦虚地聆听,基博在一旁微笑。

自此以后,陈衍每到钱家,必问锺书作诗情况。锺书积累一番心得,作了几首好诗,便到陈府请教。一来二去,二人成为忘年之交。

转眼又到了夏末。这一段时间，对于钱家大院来说着实不轻快，先是大伯母去世，接着锺书、锺韩考大学，还有锺纬、锺汉、锺英、锺元等弟妹考高中、初中。好在最炎热的夏季总算熬过去了，无锡又吹起了习习的凉风，带来清清的爽气。

基博、基厚约了徐彦宽，请了陈衍和老辈诗人金松岑去湖上泛舟。

船体宽大，竹席做棚，红木桌椅，旁倚竹榻，两个船工，一前一后。再看桌上，时令瓜鲜单摆，四季干果浮搁，酱卤小菜点点香，江南黄酒端坐。

船出南门，沿河道逶迤南行。两岸绿柳飘飘，拂得船上诸人心醉神摇，纷纷以古诗词唱和。

船入太湖，茫茫天地一水间，顿使人精神更增百倍。

徐彦宽拈起一枚金橘翻看一番，含在嘴里说道："咱们是不是改一改直去三山的老路子，先绕道去鼋头渚好不好？"

陈衍喝了一小口酒，微微点头。

"有理。总是看太湖落日，红霞送归帆也没什么意思。"

金松岑打开折扇又迅即合上，说道："我时常日出而登鼋头渚，那白浪滔天中千帆竞发的气势，实是百看不厌。只是现在日已三竿，怕是见不到这等壮景了。"

基厚一旁问道："松岑先生是坐车还是坐船？多长时

间去一趟？"

金松岑摇了摇折扇，答道："见笑了，我是步行。安步当车，安步当船，三五日一趟。"

基博在一旁笑道："难怪先生年愈长而气愈壮！诗情也愈发豪迈。"

陈衍也笑道："他是得了太湖的灵气精华了。"

基博、基厚在笑谈中同时喊道："船家，去鼋头渚！"

船入湖口，向左转弯，直驶鼋头渚。

徐彦宽望着湖心伸了个懒腰，引得陈衍不由得打了个长长的哈欠。金松岑用扇子一指，笑道："春困秋乏夏打盹，酒不醉人人自醉。"

徐彦宽没有理会他的打趣，自顾自说道："还是那句老话'太湖最佳处，毕竟在鼋头'。到了鼋头，自然精神。"

陈衍合目问道："太湖最佳处已在眼前，那江南最佳处呢？"

基厚问道："怕是在杭州？"

基博问道："或者是苏州？"

徐彦宽说道："是苏杭二州合称江南最佳？"

金松岑断然地一挥扇子。

"不对不对！你们说的都不对。江南最佳处，毕竟在太湖！"

陈衍摇了摇头，睁开双目，说道："江南最佳处，其实在黄山!"

四人一听,默默地都点了点头。陈衍又问:"咱们江南不仅景美物饶,而且人才辈出。你们说,无锡最佳处,毕竟在哪里?"

徐彦宽一拍桌子:"那还用说,当然在钱氏了!"

基博、基厚忙说道:"哪里哪里。徒有虚名而已,江南人才济济……"

陈衍一笑,举起酒杯:"喝口酒,听我说。我们所指人才最佳处,非指一人,不是指你钱基博被张謇先生称为江南才子,而是说一家代代出人才。贵公子钱锺书;基厚,贵公子钱锺韩,好生了得,要是在前朝,不是状元就是榜眼,还有下边那几个小的。"

徐彦宽趁陈衍喝酒的功夫,插进来说道:"这次考大学,兄弟俩都考取了清华。锺书不仅国文特优,无出其右,而且英文居然获得满分。锺韩更厉害,总分第二名,名副其实的榜眼!"

基厚忙说道:"哪里哪里。锺书亏在数学,否则,锺韩哪里比得上锺书。"

基博一摸下巴,叹了口气。

"咳!锺书的数学天生就差,怎么补都不行。只考了15分。"

徐彦宽抓起几粒瓜子,说道:"数学15分,还在二百名及格学生中排名第五十位,要是数学好点,第一名非锺书莫属。"

陈衍一笑。

"要是假设成真的话,不是所有人都是第一名了吗?听说有一门不及格,清华是不录取的。"

基博忙解释道:"因为总成绩比较靠前,所以主管录取的老师也不敢做主,便报告了校长罗家伦。罗校长看了锺书的成绩,据说特别兴奋,赞叹备至,于是打破校规,同意录取。咳!让人操心,哪像锺韩。"

基厚说:"锺韩怎比锺书。锺书能与父亲论学,锺韩行吗?"

基博得意地捻着下巴尖,笑道:"闭户讲学而有子弟能相送难,此亦吾生一乐。"

金松岑兴奋地一敲折扇,催问道:"如何送难?有趣有趣,快讲快讲!"

基博看了大家一眼,望望湖面,慢慢讲道:"有一天我正给侄儿锺汉讲解陈澧的《东塾读书记》,我告诉锺汉,陈澧的书可以和朱一新写的《无邪堂答问》五卷配合起来阅读。如果先读陈澧的书可以端正方向,接着读朱一新的书可以增加趣味,这样就能使学问兼收并蓄,不受门户之见的狭隘约束。"

陈衍几人纷纷点头。

"有理,有理!"

"高见,高见!"

基博尴尬地一笑,接着说道:"锺书在一旁,立刻就反对我的说法。他说,陈澧与朱一新虽然同样兼综汉学与宋学,但从识议宏通和文笔犀利来比较,陈澧的书根本比不上朱一新的书。我听了就进一步阐明我的理由,谁知他说,他读朱一新的《佩弦斋文存》,其中有一部分信函,是与康有为论学、论书的,全都非常尖锐有新意,朱一新自己也说过,人都称赞我的经学好,却不知道我的史学远远胜过经学。我一时还真应对不了。"

陈衍几人静静地听着,不由地又纷纷点头。

"有见地,有见地!"

基博略带几分神秘地一笑,又说道:"锺书此去清华,必有更大进益。他将去的西洋文学系,说起那批教师,真是人人好汉,个个英雄,无不学富五车,艺贯中西。系主任王文显,是用英文创作戏剧的高手,吴宓是比较文学专家,外籍教授瑞恰慈是风靡英美的'新批评'理论的创始者,还有叶公超、温源宁、普来僧、温德、陈福田、毕莲、吴可读、瞿孟生诸位,全都身怀绝学,为士林一时之选。中文系还有杨振声、朱自清、杨树达、闻一多、刘文典、俞平伯、陈寅恪、王力、浦江清、许维遹、余冠英、沈兼士、钱玄同、赵元任、朱光潜;哲学系有金岳霖、冯友兰、贺麟、沈有鼎;历史系有蒋廷黻、雷海宗……"

金松岑端起酒杯一饮而尽,畅快地笑道:"难怪要送锺书、锺韩去北京清华。"

基厚淡淡一笑,说道:"锺韩不去清华!"

基厚也喝了一杯酒,看看众人疑问的目光,接着说道:"锺韩觉得老是追着锺书太累,论文他永远要压在锺书下面。再者他喜欢理化,北京的气氛太沉闷,不如上海开通,所以他又考取了上海交通大学电机系。"

基博给众位倒上酒,金松岑一口喝干,说道:"也好,一南一北、一文一理,钱家兄弟,执天下文理之牛耳也!哈哈哈……老夫视此为敌国!"

"各位老爷!"

船家探进半个身子,等他们转过头去,然后问道:"是从鼋头底下过去,还是停在岸边,等老爷们上鼋头?"

"当然是停在鼋头下边了!"

"我们要先登鼋头!"

"再去三山!这还用问吗?"

"有哪个只是绕过去而不登鼋头?真不晓事。"

船家听他们乱纷纷地回答,心想,我好心问清楚一下,哪有那么多的话说,便不冷不热地说:"船马上靠岸,请老爷们稍做准备。"

船靠岸边,五人敲膝捶背走上岸来。金松岑挥扇指向摩崖石刻,基厚随口念道:"包孕吴越。"

"我说江南最佳处,毕竟在太湖吧,千古同心呀!哈哈哈……"

陈衍轻轻一笑,不与争辩。金松岑接着说道:"此刻看去，更觉四字苍劲古朴，气魄非凡。"

基厚接着说道："还有那亭台楼阁，依山而筑，高低错落，隐现于疏林修篁之中，游移在扑朔迷离之际……"

徐彦宽抢过去说："更有那巨石仰卧，屹立腾跃，形若出水鼋头……"

徐彦宽突然停住了话头，用手指向鼋头，提高了嗓音说道："你们看，站在鼋头向三山眺望的，不正是锺书、锺韩兄弟吗？"

"不错不错！"

"没想到他们也来了。"

"正好一同游玩。"

基博疑惑地看看基厚，基厚还了一个毫不知情的怪脸。金松岑用折扇敲敲两人肩头，催促道："还不快走？"

五人正要加快脚步，只见锺书、锺韩提起长衫，转身向后面的南犊山爬去。

"这是要去极顶。"

"极顶光明亭，目接千万里。远山近水收眼底，面面有景处处情。"

"远山峰峦连绵，绰约万马奔腾，湖水白浪滔天，直是梨花烂漫。"

"在滔天的白浪中，看那成群的渔舟，千帆竞发，更显得生机勃勃。"

"真宛如一幅铺天大画。"

"我们今天没时间了,还是让锺书他们去欣赏吧!"

"陈老怕是爬上去也太吃力了吧?"

陈衍笑指金松岑道:"你心太直,嘴太快,早晚要吃亏!"

基博不由感叹:"锺书也是这个样子,所以我叫他改字'默存'。谁知他一仍其旧,还是嘴上不饶人。"

"老夫还聊发少年狂呢,何况他一个少年人,又多才,怎能忍得住。这个时代也是一个言论居先的时代,就让他发一发吧!"

五人说着登上了鼋头。辽阔无垠的湖面一下展现在眼前,顿觉豁然开朗。波浪滚滚,惊涛阵阵。他们远眺近看,应接不暇,发出由衷的感叹。

"美不胜收!"

"你看三山。犹如神龟飘浮在碧波荡漾的水面上。"

"绿树成荫,繁花似锦,四季如春……"

"四面皆画,满山皆花。"

"过了三山,水面更宽。"

"去年我和基厚带锺书、锺韩过了马迹山、拖山,湖面更加壮阔,真是风声涛声连成一片,白帆浊浪浑为一体。"

"气象万千,洋洋大观。我们都觉得好像置身于大海之上。"

陈衍说道:"不错不错。我和金松岑还赶上过一回起风，真是惊心动魄。"

金松岑打开折扇，抡圆了画出一个大弧，说道："整个太湖，是一幅山外有山，湖中有湖的天然图画。"

徐彦宽问道："我们是否等锺书、锺韩兄弟下来，一块去三山。"

"不用等了，他们也去过几次了。"

陈衍、金松岑异口同声地说："我很想听听他们的宏论。"

"让他们改日登门请教。"

基厚也说："还是他们玩他们的，咱们玩咱们的吧！"

陈衍看了一眼金松岑问道："蠡园好久没去了，干脆别去三山了，去蠡园玩玩算了。"

金松岑连忙反对："不行！蠡园那么一小点，随时可以去，不必雇船。今天应该乘此雅兴，傍晚正可以随着千万归帆，同沐晚霞。你想想，左右都是满载而归的渔船、货船、游船，晚霞红红地照在帆上、船上、船工身上、我们身上，波光映红，连风都带着夕阳红，吹出红色的感觉，多妙啊！今天晴空有白云，多好的天气！"

其他人都被金松岑的描绘所吸引，陈衍也不由地神往不已，说："就听老金的，去三山！"

天黑以后，基博和基厚回到家中。吃过晚饭，基博与锺书谈了很久，心中仍很兴奋，睡前在日记中写道："儿子锺书能承家学,尤喜搜罗明清两朝人集,以章(学诚)氏文史之义,抉前贤著述之隐,发凡起例,得未曾有!每叹世有知言,异日得予父子日记,取其中之有系集部者,董理为篇,乃知予父子集部之学,当继嘉定钱(大昕)氏之史学以后先昭映,非夸语也!"

第十一章

秀在枝头

1929年初秋，由上海开往北平的列车正奔驰在华北平原。钱锺书坐在车厢中，和端坐在对面的少年成了熟识的朋友，这位少年也是清华新生，名叫卞之琳。

钱锺书依旧穿着一身中式长衫，戴一副圆圆的西洋眼镜，镜片后面是充满智慧又带些狡黠的目光。他审视着对方清秀的面容，洋气十足的西装，很随便地与对方聊天。

"你们上海的学生去北方的不是很多。"

"对北方不太了解，路途遥远，生活不习惯。冬天很冷，你看，我就带了很多棉衣。"

"冬天有煤火，室里不算太冷。"

"尊长是国学大师，又在清华教过课，你对清华一定知道得很多。"

"家父讲得很少。不过一去清华，先要拜见一下校长罗家伦。"

"对对，你一门不及格而能入清华，全赖罗校长不拘一格提拔人才。听说罗校长才三十多岁。"

"好像刚刚出头。蒙他特准而入学，我一定要向他弯腰鞠躬申谢。"

"你这次破格入校,一定会传为美谈。"

"我最不擅长数理,这一入外文系,便不用再学这几门功课,心里格外轻松。"

"我也不喜欢理化。在文科上好一些,但总不如你那么出神入化。"

"出神入化?出神发呆,熟读西洋文学之名著;入口即化,了解西洋文明之精神。"

"入口即化?要流口水了,哈哈哈哈……"

"说到吃,北平有烤鸭,水饺,仿膳。"

"哪有我们上海的精致有味道。"

"扬州、苏州、上海、无锡,虽有天下美味绝品,但北平却是集全国美味于一地,自有高屋建瓴之势,一览众山之概。"

"到时你可要请我吃吃帝王家的饭。"

"很方便很方便。吃饭有时很像结婚,名义上最主要的东西,其实往往是附属品。吃讲究的饭事实上只是吃菜,正如讨阔家小姐,宗旨倒并不在女人。"

"你这说法有意思。"

锺书得意地看一眼窗外景致,接着说道:"吃饭的目的成了辨别味道,而不是充饥。舌头代替了肠胃,成为最后或是最高的裁判。好比我们研究哲学或艺术,总说为了真和美。请客上馆子去吃菜,还顶着吃饭的名义。这正是舌头对肚子的借口,仿佛说,'你别抱怨,这有你的份!

你享受着名义，我替你出力去干，还亏了你什么？'其实呢，天知道，饿瘪的肚子也知道，若专为充肠填腹起见，树皮草根和鸡鸭鱼肉差不了多少。"

卞之琳睁大了惊讶的眼睛，他很少听到这样的奇谈怪论。锺书完全没有注意卞之琳表情上的讶异，仍不时看一眼窗外，口若悬河，继续说下去。

"《巨人世家》卷三有赞美肚子的一章，把肚子尊为人类的真主宰，是各种学问和职业的创始者和提倡者。鸟飞、兽走、鱼游、虫爬，以及一切生物的所有活动，全都是为了肠胃。人类所有的创造和活动，包括写文章在内，不仅表示头脑的充实，并且也证实了肠胃的空虚。饱满的肚子最没有用，那时候的头脑，迷迷糊糊，只配做痴梦。咱们有一条不成文的规矩，吃了午饭睡中觉，这就是有力的证据。我们通常把饥饿看得太低了，只说它产生了乞丐、盗贼、娼妓一类人，忘记了它也启发过思想、技巧，还有'有饭大家吃'的政治理想和经济理论。

"德国的古代诗人白洛柯斯曾经写过一首赞美诗，把上帝比做'一个伟大的厨师'，他做饭给全人类吃，这个说法还不免带些宗教的稚气。其实，弄饭给我们吃的人，绝不是我们真正的主人翁。只有等着别人做饭给他吃的人，才支配着我们的行动。比如一家之主，并不是赚钱养家的父亲，倒是那些乳臭未干，安坐着吃饭的孩子。这一点，当然做孩子的不会领悟到，而父亲们也决不甘心承认。拉伯雷的话似乎比较有道理。你想想,肚子一天到晚要我们把茶饭向它祭献,它还不是上帝是什么?但是它毕竟是个上不得台面的东西,一味容纳吸收,不懂得享受和欣赏。人生就因此复杂起来。一方面是有了肠胃而需要饭去充实的人;另一方面是有了饭而需要有胃口来吃的人。"

服务员送来热水,卞之琳举杯向锺书示意,锺书毫无领会,摇摇手接着说。

"第一种人工作、生产、创造,以此来换饭吃;第二种人利用第一种人劳动的成果,来健脾开胃,帮助吃饭,增进食量。所以吃饭时要有音乐,这还不够,于是又有了'佳人''丽人'之类的来劝酒,文雅点的就开什么消寒会、消夏会,在酒席上传观书法、名画,甚至赏花游山,拿自然名胜来下饭。吃的菜不用说尽量讲究。舌头像身体一样,本来是极随便的,有了这样优裕的物质环境,舌头也会有贞操和气节了。许多从前吃惯的东西,此时吃了仿佛会玷污清白,决不肯再进口。

"舌头精细到这步田地,似乎应当少吃,其实反而吃得更多,舌头挑肥拣瘦,贪嘴不顾性命,结果闹得肚子倒霉受累,只好忌嘴。不出几日,舌头就像李逵所说的'淡出鸟来',这正是它馋得忘了本的报应。

"吃饭还有许多社交的作用,比如联络感情、谈生意等等。社交的吃饭虽然种类复杂,性质却极为简单。把饭给自己有饭吃的人去吃,那是请饭;自己有饭可吃而去吃人家的饭，那是赏面子。反过来说，把饭给没饭吃的人去吃，那是施食；自己无饭可吃而去吃人家的饭，赏面子就一变而为丢脸，算不上交际了。

"你读过趣味洋溢的《老饕年鉴》吗？"

锺书见卞之琳摇了摇头，不无遗憾地说下去："这八小本名贵稀罕的奇书，在研究吃饭之外，也讨论了请饭的问题。大意是说，我们吃了人家的饭以后，该有多少天不在背后说主人的坏话，时间的长短按照饭菜的质量而定……"

卞之琳忍不住接口说道："所以做人应该多请饭，并且吃得讲究一些。以此来增进感情，减少诽谤。"

锺书慧黠地一笑："所以我本人呢，随时恭候诸君的邀请，努力奉行猪八戒对南山大王手下的小妖说的话：'不要拉扯，待我一家家吃将来'！"

"哈哈哈……"

两人同声大笑起来，笑过之后，感到旁边乘客那无数惊奇的目光有点扎人，便起身向列车餐厅走去。

果然，不出卞之琳所料，锺书入学不久，即因被"破格录取"名震清华，加上他学习用功，读书刻苦，成绩极佳，颇得教授赞赏。不出一年，清华不少同学便对他佩服得五体投地。

班里同学三十名，男女各占一半。他们都是来自各地的成绩优异者，有的还是省里的"状元"。其中一个名叫许振德，字大千的同学，就是一个远近闻名的才子。许振德上中学时，每次考试都是第一，相当自负。考入清华之后，没想到偏偏遇上了钱锺书，考试屡屡失利，"状元"的历史从此结束。他心中气苦，很想把钱锺书揍一顿出出气。学生毕竟不是粗人，野蛮的念头只能在脑子里转转，终究还是离不开刻苦读书这种用惯的手段。一天，他遇到了一个怎么想也解决不了的难题，最后只好请锺书帮着想一想。听了许振德的想法，锺书也颇感挠头。他去图书馆，查找各种资料，晚上熬夜分析，第二天，锺书讲了自己的想法，许振德大受启发，终于找到了答案。

"太谢谢你了！"

许振德看着面带疲惫的锺书，心里充满了感激。

"不用谢。你的想法很独到，使我很受启发。从你的题目中，我学到了很多的东西。"

钱锺书谦虚地抱着书，脸上洋溢着真诚。

"锺书，我以前太狭隘了，请你原谅！"

许振德被钱锺书的真诚所感动，心里更为佩服他。

"大千，咱们不是一直就是最好的朋友吗？因为咱们是真正的知己。"

锺书也有点激动。

"好，我们一齐去上课。"

两人说着，并肩向课堂走去。

"锺书!大千!"

一个斯斯文文的同学从旁边追过来。锺书一见忙喊:"吴晗,你去听什么课?"

"赵万里老师的版本目录学。"

锺书一拍额头。

"他给我留了一个讲课的题目,我还没做完呢!"

许振德问道:"是不是上次讲一本书,赵老师吹牛,说,'不是吹牛,此书版本唯我见过'。下课后你说,'此本岂他唯见?我亦见过,并非他所开示'。"

吴晗忙插话说:"这话是我说的,锺书说的是'此本,我数见而不一见'。"

许振德笑着说:"听说赵老师听了一点儿也不生气,还留了七八个专题请你们两位去讲。"

"是这样。"

锺书笑着又说:"吴晗可风光了,连讲了好几课呢。"

吴晗反击道:"三堂课,还没你两堂课听的人多。上次你给我写的诗,我和了一首,回头给你。"

许振德一听,急问:"写的什么诗,念来听听。"

吴晗不好意思地说:"夸大其词。我先走了。"

看着吴晗的背影,锺书随口念道:

精研博综一身兼,

每读高文意不厌。

余事为诗亦妙绝,

多才多艺太伤廉。

许振德笑了笑,假装严肃,说:"虽是夸吴晗,倒像是照镜子,同病相怜。他是数学0分,你是15分,都是破格。"

锺书知道他在开玩笑,说道:"我要是送你一首诗,怕也是这样。"

许振德又故意做出神秘的样子,问道:"你知道饶余威他们怎么看你?"

"看成三头六臂?红头发,绿眼睛?"

"说正经的!他们都说,你的中英文造诣很深,又精于哲学及心理学,终日博览中西新旧书籍。最怪的是,你上课时从不记笔记,只带一本和课堂无关的闲书,一面听讲一面看自己的书,但是考试时总是第一。"

"我喜欢直接读原著,和古人谈心。从广泛的阅读中,我学到了很多课堂上学不到的知识,获益匪浅。像翟孟生先生的'西洋文学概要',瑞恰慈先生的'西洋小说',这两次课中涉及的小说,我几乎全读过原著,所以在成绩上占些便宜。"

"都说你有一个怪癖,看书时喜欢用又黑又粗的铅笔画下佳句,还在书旁加上评语。校图书馆的藏书中,有画线和评语的,大多是你的手笔。"

"我更喜欢做笔记,摘录名句和大段的文字,反复背诵。过一段时间抽出来再背,看能记住多少。我觉得字典读起来非常有味道。还有读古书,看原文,看注解,看评论,反复对比,像老吏断案,评判谁对谁错,特别有意思。"

两人说着走进教室,坐在最后一排。

开始上课,课堂十分安静,只有教师一人的声音在室中回响。

钱锺书照旧拿出一本与课堂内容不相关的英文文艺理论书,像小儿吃零食那样,一小段一小段地吃了又吃。他不时地抬头,东瞧瞧西看看。忽然,他发现了一个秘密。

锺书早就听说许振德十分爱慕班上一个漂亮的女同学,这次他实实在在地偷看到了,心中冒上一股压抑不住的得意,半恶作剧半幸灾乐祸。他一本正经地向许振德请求道:"大千,能不能给我一张纸?"

许振德被突然一叫,吓了一跳,忙随手从笔记本上撕下一页,递给锺书。

锺书把纸在桌上铺平,提笔想起时髦的漫画书,顺手在纸上画出大大的"田"字格。他悄悄地从侧面,按照刚才的角度,继续观察。他看着许振德的眼睛不住地转来转去,目光始终倾注在这位女同学身上。女同学挠挠头发,摸摸脸,用手指蹭蹭鼻子,翻书写字,一举一动都会使他的眼睛发生变化。女同学偶尔侧一下身,他的眼睛中便萌生出希望，女同学一转头，他的眼睛中便流露出企盼。女同学偶一回头，目光向后一扫，他便将秋波急速传递过去。

锺书观察清楚以后，便从左上角的格子画起，画满"田"字格。他觉得不尽兴，但一看时间离下课不远了，只好停手，在"田"字格上方工工整整地写上《许眼变化图》。这时他又想起小时候描《芥子园画谱》，描《唐诗三百首》里的"诗中之画"，描古小说中的绣像，禁不住在"田"字格的下角恭恭敬敬地写上"项昂之"这一别号。

锺书再看许振德，见他还是那副痴相，心中暗暗好笑。一伸手，把《许眼变化图》传给旁边的一位男同学。

"饶余威，请方家斧正。"

饶余威看了，也觉十分好笑。在"项昂之"后面写上小字："即锺书君也。"随手传给前边的同学。

"'小说家'，品评品评。"

"小说家"吴组缃看了，也发出会心的一笑，接着又向前传去。

下课前，《许眼变化图》几乎传遍了全课堂。下课后，此图仍被同学们到处传看，一时在班上成为笑谈。

课后，许振德笑问锺书："你这画画的本事是从哪儿学来的？"

"师自古人，师自古书。"

"你要是把几张变化图合成一幅，不就是抽象画了吗?"

"你这一说,我还真得想想,看看是不是在这方面有什么发展。"

"鼻子插大葱,还装上象了。"

锺书嬉笑着扶一下眼镜,说:"你说我装象,那我明天圣诞夜就真装回象给你看看。"

许振德一拍巴掌:"对了,英文教授叶公超先生还等着我呢!你和我一块去吧!"

"好啊。叶先生时方而立之年,风度翩翩,只因未婚,单身住在北院。"

"你是否常去?"

"然也!"

在叶公超先生的宿舍里,钱锺书凭其才高博学,中英文兼优,与叶先生侃侃而谈。而许振德却自觉知识浅薄,生怕说话不得当,只是在旁边静坐聆听。

在回宿舍的路上,许振德佩服地看着锺书,说:"难怪郑朝宗说,你是外文系的一个尖儿,许多老师对你另眼相看。你不是他们的弟子,而是他们的顾问。"

锺书沉静地听着,问许振德:"大千,你说实话,我在随便的谈话中挑剔中文系主任朱自清教授和哲学系主任冯友兰教授的学问,是不是太狂傲了?"

锺书见许振德有点迟疑,便不等他回答接着说下去。

"我觉得这是为学者必须具备的勇气。在学术面前人人平等!"

"你说得对!"

许振德看着锺书那坚定的目光,自己也坚定起来。

清华校园花草繁茂,所以有人用"水木清华"来描绘这个美妙无比的大花园。掩映在这片红花绿草中的图书馆,更成了殷殷学子的挚爱场所。钱锺书在金管理员的特许之下,走进书库,随意浏览看不尽的书籍和画册,他以他的刻苦和高速度,实践着"横扫清华图书馆"的壮举。他偶尔也会走出图书馆,感受春风、杨柳、浅溪、白石的诗意,领会水波上浮荡的黄嘴雏鸭的亲情,他感到韶华青春的美丽,他感到自由的气息扑面而来。他有时还会跑出图书馆,爬上不远的山坡,在清凉的绿草上躺一会儿。他呆望着蓝天白云,张望着暮霭中忽紫忽青忽粉忽红的远山石塔在迷雾中消失。他从清晨钻进图书馆,坐在一个固定的位置上,又读又写,直到夜晚闭馆。微风吹拂柳条刷刷地抚摸着他的脸,酷暑的蝉声聒噪个不休。他奔到体育馆草地上的喷泉,喝足从玉泉山引来的泉水。水越来越凉,他并不觉得,直到水变成冰,他又在寒风中吟诵"一片冰心在玉壶"。寒枝发春芽,碧水复东流,锺书又怀抱着春天,去温暖那不尽的书情。

初春的清华园,绿草依稀,学生们喜欢到校园内的咖啡馆去喝咖啡、吃点心,也有人喝红茶,女同学则更多的是喝浓味的酸梅汤。

曹禺从咖啡馆走出来,正巧碰上吴组缃,忙说:"'小说家',你怎么来得这么巧?"

"好说'戏剧家',怎么巧法?"

"你看,钱锺书坐在那里,还不叫他给你开列几本英文禁书?"

"太好了!我正找不着他呢!"

吴组缃向曹禺摆摆手,走到锺书桌前。

"锺书,快给我开三本英文禁书的名单吧!"

锺书谐谑地一笑:"三本够了?不够吧?多给你开几本吧!"

说着,锺书随手从笔记本上撕下一页白纸,刷刷刷刷,一下子写满了正反两面。在每个书名下,还写上了作者姓名和内容提要。吴组缃拿起来一数,足足四十多本,他感到意外的满足,连说:"够了够了。"

说完转身往外走。锺书追着他的背影喊道:"不够再来,还有好多呢!"

"谢谢了,够了!"

随着吴组缃的尾音,郑朝宗接着走过来说道:"够了够了!那么一大篇,够他读两年的!"

坐在锺书身边的徐元配,虽然是学地质的,却是锺书的好朋友。他补充道:"不是一大篇,是正反两面,足足四十多本书。"

郑朝宗大大咧咧地坐在锺书对面，说道："这不奇怪。昨天，吴宓教授和我们几个同学在藤影荷声馆里谈心，兴趣正浓的时候，吴先生忽发感慨说，'自古人才难得。出类拔萃，卓尔不群的人才尤其不易得。当今文史方面的杰出人才，在老一辈中要推陈寅恪先生，在年轻一辈中要推钱锺书，他们都是人中之龙，其余如你我，不过尔尔！'要不了多久，你这清华之龙的美名就会传遍校园了！"

徐元配羡慕地看着钱锺书，钱锺书忙向他介绍吴宓教授。

"在中国的实际批评家中，八年前，只有他一人具备对欧洲文学史进行比较的知识。吴先生的思想来自哈佛大学比较文学教授欧文·白璧德。"

说着，锺书翻开笔记本，在白纸上写下白璧德的英文名字 Irving Babbit。

"白璧德是提倡新人文主义的领袖。他主张古典文学和比较文学的研究，坚决反对浪漫主义及现实主义和自然主义。吴宓、梅光迪、胡先骕和汤用彤都是他在中国的追随者。

"白璧德曾教导吴宓从事对世界几大文化传统进行比较研究。即源于希腊罗马的古典文化传统；希伯来基督教文化传统；印度哲学和佛学传统；中国孔子哲学和儒家传统。这一世界比较文化的观念，对吴先生影响至深。

"吴先生回国后，倡导包括我国古文学在内的比较文学研究,主编《月衡》月刊,又依照牛津、剑桥成规和中国书院制度,聘请梁启超、王国维、陈寅恪为导师,培养人才。"

说到这里,锺书停住话头,仿佛想起了什么。

第十二章
亲师重文

钱锺书辞别同学,赶往吴宓教授的家——藤影荷声馆。他昨天听说,吴教授推荐他这个大学二年级的学生去替补本系临时空缺的一个教职,心里一直不安宁。

入学以来,钱锺书心目中最敬爱的老师有五位:吴宓、叶公超、温源宁、张申府和罗家伦。

师生一见面,感时伤怀,不由想起已离任的校长罗家伦。

钱锺书摘下眼镜,一边擦一边说:"去年五月中原大战,阎锡山控制了北平。去年的春天真是格外的冷。"

吴宓也叹了口气,说:"寒冷的空气中夹杂着浓臭的火药味。可惜呀!"

锺书戴上眼镜,说:"可恨那个毕业生乔万选,居心叵测,煽动同学驱逐校长。"

"家伦也太意气用事,两上辞呈,还是在秋风的败叶中离别清华。"

锺书无奈地一摊手。

"亡国无关儿女事,看渠熙攘逞春妍。"

吴宓会心地一笑,说:"新校长梅贻琦寡言君子,总算不幸中之万幸了。"

锺书不无担忧地说:"您说清华会不会丢掉'博雅之士'的学风?"

吴宓又是会心地一笑。

"你们的语言课增至八种,英、法、俄、意、日、拉丁、希腊、德。在多种语言学习中,每位学生必须全面通晓西洋文学史,以及西洋小说、英国浪漫诗人、戏剧概论、莎士比亚、文艺批评等专题研究。你作为国学大师之子,身处西洋文化氛围之中,加上天资颖异,将来必能合东西方秦晋之好,破南北方门户町畦,遍采百味而自成一体,而这些都离不开清华学风的涵养。反过来,你们养成博雅之学问,一举一动,无不加深加浓加厚这种博雅的学风。一两个人的胡闹,短时间的动荡,不会从根本上动摇已经长大成人的清华学风。"

吴宓顿了顿,看着锺书给两人的茶杯倒满茶,不禁关切地问:"令尊近来身体可好?近日可有信来?"

"常有信来。"

吴宓想起旧事,幽幽说道:"七年前,很少作诗的基博先生曾经送给我一首五言诗。我也回赠了他一首五言诗。"

锺书接过来说道:"您的诗句,常听家严吟诵。记得最牢的是'道高文益贵,交浅味偏醇'。"

吴宓脸上露出轻轻的笑意。

"我与令尊实乃君子之交,其淡如水。令尊的信中,大多写些什么?"

锺书笑了笑,答道:"大多是对我的谆谆告诫。我告诉爹爹,温源宁教授打算介绍我到英国伦敦大学东方语文学院教中国语文。家父命我'勿太自喜',说立身正大、待人忠恕比声名大、地位高更加重要。像我这样笔锋犀利,口不饶人,再加上广闻博记,学力深厚,以此来张扬,一定会遇到极大危险,就像曹操手下的杨修。家父说他们兄弟'未尝敢做一损人利己之事,未敢取一非分不义之财',希望我能继承家风。他说,'子弟中,自以汝与锺韩为秀出,然锺韩厚重少文,而好深沉之思。独汝才辩纵横,神采飞扬,而沉潜不足。纬、英两儿中资,不能为大善,亦无力为大恶。独汝才辩可喜,然才辩而或恶化,则尤可危!吾之所谓恶化,亦绝非寻常子弟之过。也所推称一般之名流伟人,自吾观之,皆恶化之,皆增进危险于中国者也!汝头角渐露,须认清路头。故不得不为汝谆谆言之!'"

"基博先生真是一代大儒!"

吴宓忽然心有所动,想起一事说道:"锺书,我已向系里推荐你代一段时间的课,那门课一时间找不到更好的教授。"

"我正想问一下是什么课程。"

"系里还没有答复,不妨先和你说说。"

借此话题，师生二人又进入了学术讨论的空间。

大一、大二钱锺书的成绩都是第一名，名气也就更大了。每天去图书馆，沿途遇到的人几乎都认识他，都想和他打招呼，而他偏偏一点也没注意到，依旧是直直地走，想不起看旁边的人一眼。

这一天，他碰巧和叶公超教授邻位而坐。叶教授和他开玩笑。

"锺书，你把许振德吓得只敢自己找我，不敢和你一起来了。"

"为什么？"

"只要你一张嘴他就开不了口，在旁边像一只呆鸟一样，只动耳朵。"

"您又开玩笑了。我曾送大千一首诗，您听听怎么样：

矫矫出群爱此才，

鹤兔长短世疑猜；

过江名士多如鲫，

争及济南名士来。

"大千是济南人，眼睛都会说话。"

叶公超压低了嗓门又说："你的诗越写越好，送我的诗我还记得。

毁出求全辨不宜,

原心略迹赖相知;

向来一瓣香犹在,

肯转多师谢本师。

"诗中流露出的'谢本师'颇令人动情。"

叶公超先生见锺书笑而不答,换了个话题。

"近来在学术界,'海派'与'京派'的争执非常激烈,清华也有许多人卷入了这种门户与学风之争。"

锺书一听乐了。

"咱们正好可以执两用中,起一个海京班的名字,成立一个队。"

锺书一敲脑壳,连说:"有了,有了。"

"有什么了?"

"小诗一首:

亦居魏阙亦江湖,

兔窟营三莫守株;

且执两端开别派,

断章取义一葫芦。

叶公超听后不禁一笑,连连称妙。随后,他轻声说道:"我前几天偶然整理了一下几个著名学者在《新月》上发表的文章,身为月刊主编,我为有这么多高质量的论文感到骄傲。其中,你在《新月》共发表书评五篇,大致可分为三类。第一类是批评周作人的,包括评《中国新文学的源流》和评《近代散文钞》两篇,属于文学史的范畴。你敢直批周作人这样的大家,足见才学与勇气。"

锺书笑着说道:"连我父亲,我都敢说他学问不完备,何惧周作人?"

叶公超笑道:"你虽承家学,但,你的文章华丽、新奇、充满机趣,与令尊的朴实、平正、严肃确是大异其趣。不过咱们还是书归正传。刚才说完了第一类,第二类是批评外国人的,包括评《美的生理学》和评《一种哲学的纲要》两篇,分别属于文艺理论与哲学的范畴。第三类只有一篇是批评曹葆华的诗集《落日颂》,属于文艺鉴赏的性质。从你的论文看,学问之杂之精,难怪哲学系冯友兰教授要说,钱锺书不但英文好,中文也好,就连哲学也有特殊的见地,真是个天才!"

锺书面露尴尬。

"你这些话快把我捧上天了。"

叶公超故意用反话打趣他:"我就是试试捧杀一个天才!"

"有家父的再三告诫,你是捧杀不了我的。"

"你用的笔名'中书君'是不是从韩愈的《毛颖传》

中借来的?"

叶公超见锺书默默点头,便接着说:"《毛颖传》以笔拟人,把笔叫'毛颖',又称'中书君'。后来,'中书君'就成了毛笔的代称,所以'中书君'不仅本身暗含'笔名'之意,而且也谐你本名的音。除此之外还有别的用意吗?"

说到得意时,叶公超露出洋洋喜色。

钱锺书翻了翻手里的书,顺口答道:"家父一生最爱韩愈的文章,曾有《韩愈志》行世,这样顺手借来的笔名,妥帖适用。"

叶公超又问道:"听说你已经是《清华周刊》英文副刊的主任了。其他栏目怎么样,都有谁参加?"

锺书略加思索,答道:"总编辑是刘丙庐,言论栏主任潘如澍,学术栏主任吴晗,文艺栏主任吴组缃,杂俎栏主任张文华,校闻栏主任夏勤铎。编辑包括孙毓棠、林庚、李嘉言、孙增爵、许振德、梁方仲……"

叶公超不由赞叹道:"好强大的阵容!最近我在写长篇论文,很少看《清华周刊》,你都发表了哪些大作?"

不用问,叶公超心里也十分清楚。钱锺书由于趣味广,读书杂,所写文稿五花八门,必是以文艺为中心而辅之以人文学各学科,横跨古今中外,小中见大,充满才情和英气。结果有一点小小的出乎意料,但又在情理之中。

锺书说:"其实,我最早在《周刊》上发表的是处女诗作《无事聊短述》。接着发表了十几首。在七律《不寐示镂青》中说过'不眠滋味我深谙'。"

叶公超笑道:"不眠为什么?想佳人了吧?"

锺书笑道:"兼而有之吧!"

叶公超更乐了。

"是谁?快说!"

锺书不无失望地答道:"还没有看到。有时,忧世伤生的情怀袭来,不由人不慨叹'一事无成空抱负,百端难解是愁思'。"

锺书说着忽然高兴起来。

"我后来写了三篇小考据文章,名叫《小说琐征》,发现不少故事的来源。当然,这都是些'雕虫小技',不足一提。还有《鬼话连篇》,特别分析了英文'Immortal'的含义,不朽与不灭。"

叶公超忽然插话说:"我看了1931年3月《周刊》上的英文作品,署名'Dzien Tsoong—Su'的,文采华美。"

"那是我的第一篇英文作品。"

"我猜也是你写的。为什么拼写成这个名字?"

"那是在苏州桃坞中学,按我们苏南口音拼写的'钱锺书'的英文名字。"

"怪不得。咱们改天再聊吧!"

"好,咱们还是各自飞吧!"

两人静下声音,埋头到各自的书本堆中。

锺书奋笔疾书，写的是《约德的自传》，这是他准备在张申府先生主办的《大公报·世界思潮》上发表的第五篇文章。前面的四篇是《休谟的哲学》和《大卫·休谟》，讨论英国哲学家休谟的思想；《作者五人》分析西方五位现代思想家作品的不同艺术特点；《旁观者》讲述历史观，是钱锺书自己的人文主义历史观的最初表达。刚刚写完的这篇，是比较纯粹的书评。他举目四顾，不知道叶公超何时走掉了，其他的座位也空出许多。他刚才受到一个启发，抓住一个很有趣的题目，不愿就此离去，于是坐稳身子，继续写下去：《为什么人要穿衣》。

图书馆里的光线越来越暗，人越来越少，寂静笼罩着一切。

锺书写了一大段文字，感到有点疲乏，于是抓起一本书翻看。刚翻过一页，就觉身边传来一股温和的气息。他转过头去，见一个慈和的中年人慢慢地坐到旁边的椅子上，慢慢地说道："清华的图书馆真不错。我在院子里走走，不知不觉就走进来了。"

锺书顺口答道："宁可三过家门而不入，也不愿一过馆门而不驻。"

那人又问："很多学生都去看话剧了，曹禺导演的，你怎么不去？"

"您说的是万家宝，我们叫他'戏剧家''小宝贝儿'。第一年他排《娜拉》，男扮女装自己演娜拉，很受欢迎。

后来又排了《马百计》，今天不知道演什么。"

"好像是《骨皮》。《日本狂言十种》之一，是日本民间流行的一种通俗喜剧。"

"我对现代话剧找不到感觉，缺乏兴趣。"

那人微微一笑。

"那么，对现代诗呢？"

"学不会，写不出来。"

"对白话文呢？"

"应当多用白话文，用好白话文。但要避免白而无蕴，淡而无味。"

"还要防止啰唆，防止文白夹杂，半文半白。"

那人说得高兴，自我介绍道："我叫胡适之。你呢，请教尊姓大名。"

锺书一听，暗吃一惊。没想到眼前这位平和的先生就是在本校兼课的教授，新文化运动的领袖之一，大名鼎鼎的学界宗师。他赶忙欠身答道："我叫钱锺书，是外文系的学生。"

胡适一听，更加高兴。

"啊，清华之龙，早有耳闻。现在时局动荡，能静下心来读书做学问的年轻人是越来越少了。"

"锺书愚钝，不敢取巧，只能埋头苦干，积少成多。"

胡适微微一笑，说道："《清华周刊》刊载了你的诗，是写给陈衍先生的吧？"

锺书肯定地点点头,随口吟诵出来:

新诗高妙绝跻攀,
俗和徒嗟笔力孱。
自分不才当被弃,
漫因多病颇相关。
半年行脚三冬负,
万卷撑肠一字艰。
那得从公参句法,
孤悬灯月订愚顽。

"年轻人要锻炼身体,看你脸色发白,缺少红润,应该注意。"

锺书一笑,又吟道:

不堪无月又无人,
兀坐伶仃形影神。
忍更追欢圆断梦,
好将修道忏前尘。
杯盘草草酬佳节,
鹅鸭喧喧聒比邻。
诗与排愁经失计,
车轮断肠步千巡。

"中秋作诗,缘情凄婉。中书君,你对宋诗有何心得?"

"我以为……"

钱锺书侃侃而谈。两人谈古论今,说文解诗,好一番畅快谈吐。尤其说到古白话小说,更是兴高采烈。临分手时,胡适拍着锺书的肩头,禁不住笑道:"看来你们这一代人比我们这一代强!我们都是土派,你们是洋派。"

几天以后,校园里很多人都知道钱锺书一介二十岁大学生,竟然和陈衍这样的诗坛耆宿诗文酬唱,不禁羡慕不已。这种荣誉,不仅在同学中仅此一例,而且在年轻教师中也不多见,这也成为钱锺书最得意的事情。

在很多同学的眼睛里,钱锺书不仅锋芒外露,爱挑剔教授的错误,而且架子相当大。他从不想去拜访什么人,尤其是所谓的"名人"。他也不喜欢接受别人来拜访他自己。入校以来,他不爱交游,校内外各种社团组织活动邀请他参加,他也大多辞谢不去。他不愿意在无谓的应酬中消耗自己的时间。他把点点滴滴的时间利用起来读书,来丰富自己的知识。他没有想到自己给人家留下了怪僻和不可接近的印象,这使许多低年级学生闻他大名而想拜访他时,不得不又打消了念头。

第十三章

水木情话（上）

1932年春天，钱锺书与一个女生一见如故，他在不知不觉中产生了一个习惯，愿意把自己的想法和"坏心眼"对这个女生讲。由于谈话投机，性格相近，他们很快地熟悉起来。这个女孩儿是去年考入清华研究院外文系的研究生，同出无锡名门的才女杨绛，杨季康。在日见密切的交往中，他们不仅学问相长，而且感情相长。他们自己仍是心照不宣时，在别人眼中早已是一目了然了。

第二年春假过后，杨绛旅游归来，大有久别重逢之感。两人新闻滔滔，旧话重提，竟有半日没有读书。

钱锺书强抑着激动问道："季康，你们几个女孩子晚上怕不怕？住什么地方？条件怎么样？"

杨绛面色微红，浅浅一笑答道："我们夜宿荒村，睡在铺干草的泥地上。夜里做梦，听见身下一个小娃娃直对我嚷'压住了我的红棉袄'，一面嚷一面用手推我，可就是推不动。我看看他，真是可爱，小鼻子小脸儿，小眉毛小眼儿，小嘴巴小牙儿，小胳膊小爪儿……"

锺书忍不住笑道："你抬抬身子不就行了。"

杨绛面露难色。

"可就是抬不动身子。僵直了一点动不了。"

钟书释然一笑:"旁边人挤住了你!哈哈哈哈……谁让你们住得那么差?"

杨绛心念一动,话到口边:"谁能比得了你们男生,都是家里的金玉宝贝。不管住到哪里,都是床上大红绸面的被子叠在床里边,桌上大圆镜子,一个人脱了鞋坐在床边上,旁边煎着大半脸盆的烟……"

钟书听到这里,忙打断杨绛的描述:"稍息稍息,我们可不敢住女人的房间!"

说着两人轻声笑起来。杨绛止住笑声后接着说:"我们不仅睡的是荒村土屋,走的也是山道野地,吃的是粗茶淡饭,看的是尘风苦雨,哪有你那样的闲情。"又道:

缠绵悱恻好文章,
粉恋香凄足断肠。
答报情痴无别物,
辛酸一把泪千行。

依孃小妹剧关心,
髽辫多情一往深。
别后经时无只字,
居然惜墨抵兼金。

锺书不等杨绛背完，接背下面两首：

良宵苦被睡相谩，
猎猎风声测测寒。
如此星辰如此月，
与谁指点与谁看。

困人节气奈何天，
泥煞衾函梦不圆。
苦雨泼寒宵似水，
百虫声里怯孤眠。

杨绛听锺书背完，问道："我收到你寄来四首，你一共写了多少首？"

锺书掏出一个信封递给杨绛。

"这里还有一首，送给你。"

杨绛拆开信封，抽出信笺，欣赏了一下锺书的毛笔字，然后轻声念道：

……
除蛇深草钩难着，
御寇颓垣守不牢。
……

杨绛又重复了一遍这两句,心里一阵激动,口上却埋怨道:"你怎么把宋明理学家道貌岸然的语录用来写诗?"

杨绛说着,用眼角偷偷看锺书的神情。从诗中,她看到一颗真诚的心所产生的相思之情,像蛇入深草,蜿蜒动荡又捉摸不着,她感到锺书心里的城堡和自己的一样,被爱的神箭射破,已无法把守。她不由动情地呼唤。

"锺书!"

锺书此时也心潮澎湃,一把拉过杨绛的手,握紧再握紧。他端详着她,她羞羞地半侧过脸。在他的眼睛里,她是那样的美,文静娇羞,白净细腻,目含秋水,鬓如青柳。他拉紧她的手,她的身体向他靠近再靠近。无语片刻,听见两颗心越跳越近,合成一个节拍。

忽然,锺书以半开玩笑的口气,自负地说:"用理学家语作情诗,自来无第二人!"

杨绛也笑道:"你这点铁成金的功夫,脱胎换骨的手段,可以当化腐朽为神奇的化学家了。"

锺书笑得更加开心。

"这就是常说的'爱情的力量'吧!"

杨绛若有所思地问:"锺书,你说人的缘分是不是天定的?上次听你说你家的样子,我总觉得好熟悉,这次春游的时候,晚上躺在草上,睡不着就瞎想。"

"想什么?"

"才不想你呢!"

"我是不是太臭美了？女孩是不应该做猪八戒招亲那样的梦，万一将来嫁个猪八戒一样的男人，岂不后悔死了！"

杨绛捏捏锺书的手："别打岔。我是想起1919年秋天，我八岁的时候。"

"我比你大一岁。"

"所以你要好好照顾我。"

"你父母要是这样对我说就好了。"

杨绛一笑，没理他的话，接着自己的话说下去："我家由北平回无锡，爸妈不想住老家，要另找房子。亲友介绍了一处，爸妈去看房子，带了我同去。妈告诉过我，住在那房子里的一位女眷告诉她，搬进去以后，没离开过药罐儿。那所房子我家没看上。那家的人虽然嫌房子阴暗，也没有很快搬出。听说五年后才搬到七尺场他们家自建的新屋。"

锺书犹疑地说道："我们家也是1924年，我到苏州桃坞中学的时候搬到七尺场的，我告诉过你的。"

杨绛忍不住笑出声来，拉长声音说道："没错！就——是——你——们——家！"

锺书假装难以置信的样子，摇着头说："八岁就上门相女婿，唔……有缘有缘。"

"上中学以后，我心心念念就想考大学。可那时清华刚刚收女学生，不到南方招生，我只好就近考了东吴大学。我喜欢文学，爱读小说，可东吴大学没有文学系，比较适合的文科只有法预科和政治系。我想读法预科，可是父亲坚决反对，我觉得父亲的道理对，于是学了政治。大学三年级的时候，我的母校振华女中的校长，为我申请了美国威尔斯利女子大学的奖学金。我很犹豫，不太想去，比较了一下，一心向往的还是清华文学院。结果就是现在的样子。临来清华前，妈怎么说我的，你知道吗？"

杨绛故意卖个关子，锺书假装使劲想了一下，然后摇摇头。杨绛得意地学着母亲的口气："阿季脚上拴着月下老人的红丝呢！所以心心念念是想考清华。"

锺书笑道："不幸而言中，在劫而难逃。"

"刚入清华的时候，就听说了你的名气。很想见一面讨教讨教，可同学们都说你架子大，只好作罢。"

锺书不信地问："有这等事？我有什么架子！再说，你是研究生，应该你架子大才对。不过论起进校早晚，你应该叫我声学兄，我叫你声学妹。"

杨绛争道："不对！论起年级高低，你应该叫我声学姐，我叫你一声学弟。"

"我长你一岁！"

"我高你两级！"

锺书沉默下来，自责道："都怪我小时候身体不好，晚上学！"

杨绛连忙安慰他："可你的学识比毕业的研究生一点

儿不差。嗳！对了，你知道吗？我们这次春游有个大发现，乡下人把蛆叫作'肉芽'，还吃呢！"

锺书一听，勾起了儿时的记忆，也笑起来："伯父总是趁我睡觉的时候搞恶作剧。有时在我脸上画两撇胡子；有时点颗大黑痣，上面还画上几根又细又长的毛；有时画个小猪头；画得最多的是小狗，因为我是属狗的；真正画得最像的是黑框眼镜，你看，到今天也摘不下来。"

杨绛羡慕地听着，仿佛自言自语地说："我只和大学的女生玩玩荡秋千。"

锺书笑道："这不也挺好！大伯父还有一个恶作剧，那就是埋地雷。他把扫帚、畚箕、笔筒、瓷碗都往被窝里塞，不注意碰上，扎一下，冰一下，硌一下，戳一下，都特难受。有一次我也给他回敬了一下，因为他把我的书也塞到了被窝里，害得我一夜都找不到书读，他还幸灾乐祸地说'阿先读书都读到被窝里了！'我一生气，就把他的烟枪藏到了他的被子里。害得他只好借用伯母的，哈哈哈哈，直到睡觉时钻被子，才觉得身子底下好硬呀！哈哈哈哈……"

"你们家人都抽大烟吗？"

"不是。大伯母家都抽大烟，后来大伯父也抽上了。"

"不知道七尺场的钱家大院是什么样子？"

锺书诡谲地一笑。

"我们家呀，那里'燕子飞时，绿水人家绕'。"

杨绛打趣地笑道:"怕不是'墙里秋千墙外道,墙外行人墙里佳人笑'!"

"可惜我们家里没有大学生演戏用的'花神'。最美的是大伯母的家。小时候,每年都去住一两个月。伯母家在江阴,有个大庄园。我成天跟着庄客四处田野里闲逛。田地上是一片碧绿,空气中饱含着湿润的水汽,远远看去,朦胧而又迷离。一次大雷雨后,河边树上挂下一条大绿蛇,他们说是天公打死的。我也会打,不过不是打雷,是打棉花拳,是伯父亲授的。"

锺书一边讲解着,一边松开杨绛的手,在空中比画起来。最后他说:"我的最后一招叫'裴元庆暴打杨林',裴元庆一锤子把杨林的枪打得弯弯曲曲,我一个连环拳,把棉花团打得稀稀拉拉。"

"这算什么本事?"

"你别小瞧人。裴元庆那是硬功,我这是软功,就像太极拳,可比美人计。连鲁迅先生不是也提倡'韧的战斗'吗?"

"别看我学过政治,但对政治没有兴趣。你专心学问,我喜欢小说,将来你写论文,我写小说。"

"我听朱自清先生说过,你的第一篇课卷就非常好。我看了也觉得很有趣。《收脚印》,这名字起得就怪。'听说人死了,灵魂儿得把生前的脚印都给收回去。'整篇文章摇曳着哲学思辨的梦幻般的画面。我是在《大公报·文艺副刊》上读到的。"

"是朱先生推荐给《大公报》的。"

"为了举案齐眉,一唱一和,我早晚也写部小说看看,怎么样?"

杨绛笑而不答,转而问道:"听说你有时候夜里上床,打坐好长时间,你信佛呀?"

"我是玩'石屋里的和尚',小时候常玩的。那时候,我一个人盘腿坐在帐子里,放下帐子门,披着一条被单,假装石屋里的和尚。最近忽然想起来,就借用一下。"

"借用一下是什么意思?"

"我想写诗的时候,就借用这个方法想想。"

"写什么诗?"

"情诗!"

杨绛被突然取笑了一下,假装生气地狠劲捏了一下锺书的手。锺书手疼,忙正色辩解。

"真的,一个人寂寞之时,想起隔壁小楼,难免心荡神驰。"

杨绛激动地听着,忽然轻声一笑:"你倒使我想起我的女同学,绰号'风流寡妇'。她临睡前洗去脸上的脂粉以后,使我大吃一惊。因为在她的脸上,眉眼口鼻都找不到了。"

"那你正可以给她画个墨笔大花脸。"

"那可成了鬼脸寡妇了,哈哈哈哈……"

杨绛笑够了，看着锺书还在笑，不禁问道："你知道没见你之前，我把你想成什么样子吗？"

锺书眨眨眼，用手摸摸脸。

"西装革履，风流潇洒，鼻直口方，气度非凡……"

杨绛急忙打断他："那些好词还是节省点吧！贴错了标签可找不回来！我胆子真大，想到了前八个字，你胆子更大，说了十六个字好像刚开头。"

"到底失望了没有？"

"那还用说。个子不高，脸相清癯，显得很瘦弱。穿一件青布大褂，一双毛布底鞋，还戴一副老式大眼镜，像刚从旧书堆里钻出来的。"

"更正两点，不是旧书堆，是古书堆，不是钻出来，是走出来！"

"勉强通过。要不是这些小草弯腰点头，我可不同意你的辩解。虽然风度不够翩翩，目光倒还算炯炯有神，一看就是机智过人又桀骜不驯。"

锺书温情地拍拍杨绛的手。

"你看上去也不算新潮。娇小玲珑、温婉聪慧、活泼可爱……"

"行了，'江南才子'之子。"

"好说，'江南才子'之女。"

两人相视一笑，握紧了手。杨绛半倚肩头问道："伯母厉害吗？"

"伯母,伯父都已去世了。"

"我是问你母亲!"

"噢!我母亲平时沉默寡言,比较严肃谨慎;我父亲总是一本正经的样子,其实人很慈祥。母亲常抱怨父亲'憨'。"

"怪不得你那么'痴'呢!……"

"爹娘常说我吃了痴姆妈的奶,有'痴气'。我是大伯父养大的。一出生就抱到大伯父房里。大伯父连夜冒雨找来姆妈,我就是吃姆妈的奶长大的。我五岁上秦氏小学,学了点'狗比猫大,牛比羊大'之类的比较学问。不到半年就生了一场病。伯父舍不得,怕我太辛苦,就停学在家,跟大伯父念几本启蒙书。中间又上了一年私塾,直到十岁才上东林小学。"

杨绛抚摸着锺书的手,接过话头说道:"我也是五岁上小学一年级,那是女高师附小。三年级时搬家回南方,一级接一级,一直没断。父亲一直很支持我对小说的偏爱,他写过一篇论文《小说与教育》。他说'论感化之力,正书不及小说'。西欧学校都让读小说,咱们却禁止学生看,'然儿童初通文理,多得力于《三国演义》,此可知小说之有益'。希望儿童多读小说。"

锺书充满敬意地点着头:"大伯父鼓励我读小说,父亲限制我,如此看来,在儿童教育上,倒是伯父更高明一些。伯父给我取名'仰先',字'哲良',父亲因我爱胡说乱道,为我改字'默存',叫我少说话。其实我喜欢'哲良',又哲又良。"

锺书闭上眼睛,缓缓说道:"我闭上眼睛,还能看到伯伯给我写在练习簿上的'哲良'。小时候,每天早上,伯父上茶馆喝茶、料理家务或和熟人聊天,总带着我。花一个铜板给我买一个大酥饼,有这么大!"

锺书用手圈一个圆,足足可以套进一个大饭碗。杨绛怀疑地用手量了一下直径,足有一拃长。锺书明白她的意思是不相信。他不去理会,接着说:"那个味道,吃起来真是香。一想起来,不由人不流口水。所以说,可口好吃的东西是值得赞美的。现在这个世界,被人们弄得混乱颠倒。到处是摩擦和冲突,只剩下两件最和谐的事,还算是人的功德,就是音乐和烹调。一碗好菜仿佛是一支乐曲,把多种东西调和在一起,使相反的分子相成相济,变作可分而不可离的综合。最粗浅的例子像白煮蟹和生姜醋,烤鸭和甜酱,西餐里的烤猪肉和苹果泥,三文鱼和柠檬片,原来是天涯海角、全不相干的东西,却偏偏注定了有缘分,像佳人和才子,母猪和癞象,结成了天造地设的配偶,相得益彰的眷属。到现在,他们亲热得拆也拆不开。"

锺书一边说着,一边攥紧杨绛的手,使劲甩几下,然后接着说:"虽然来伯尼支(莱布尼茨)的哲学里有所谓的'前定的调和',但也有前定的不调和。比如胡椒和煮虾蟹,糖醋和炒牛羊肉。正如古代音乐里,商角不相协,徵羽不相配。音乐的道理和烹饪相通，这是孔子早就明白的。所以在《论语》中他说，他在齐国听了音乐《韶》，可以三个月不吃肉。可惜他虽然养成音乐化的人格，但从《乡党》和《中庸》的话中可以看出，他在两种和谐里偏向了音乐。一个完美的人格，统治尽善的国家，不仅要和谐得像音乐，也该把烹饪的调和作为理想。在这一点上，我推崇伊尹。伊尹是中国第一个哲学家厨师，在他的眼里，整个儿世界好比是做菜的厨房。"

杨绛好笑地看着锺书，插话说："锺书，你平常在吃上并不讲究，怎么偏偏总爱说吃呢？"

锺书释然一笑，说："因为吃的比喻，吃的道理说起来比较简单，比较好懂。《吕氏春秋·本味篇》，伊尹以至味说汤，把最伟大的统治哲学讲成惹人垂涎的美食。这个观念渗透了中国古代的政治意识，所以从《尚书·顾命》开始，把做宰相比喻为'和羹调鼎'，老子也说'治国如烹小鲜'。"

杨绛忽然笑道："你大伯把各种作料都给你加上，东也学，西也看，你就成了'小鲜'。你爸爸看你在学校里学了很多西洋的东西，就拼命让你学中国传统的东西，使你中西调和，也是烹饪高手。清华也算是个厨房，这个老师给你加温，那个老师给你加盐，还有的加酱油、加黄酒、加醋、加葱、加蒜、加辣椒，再有人给你配笋片、配木耳、配参汤、配高汤……等你毕业出锅时，已是百味俱全,口感极佳了。"

锺书笑着闭上眼睛,说道:"把味道调和,有时也用非常的方法。教育孩子,有时用极端的方法,你猜是什么?"

杨绛摇摇头,静听着他的奇语。

第十四章

水木情话(下)

钱锺书迎着杨绛那专注的目光,忽发一笑。

"比如做肉,切片、切块,怕切不出形,十分小心。可是整块的肉有时怎么也烧不出心想的味道,于是粗暴地剁碎,再整成球形、片状,于是做出理想的滋味。大人总怕孩子磕坏,碰破,噎食,卡刺,倍加小心呵护,可孩子顽皮不听话,或太笨不长进,做家长的便使他吃一顿皮肉之苦,孩子或出于恐惧,或忽然明白了道理,顿然改观。我爹小时候学文章很慢,老挨堂伯的打,那时候堂伯给他启蒙。我爹说,忽然有一天给打开通了。我小时候很懒散,大伯护着我,爹就暗里教训我,不敢打我就拧我。等上了初中,爹暑假回家,考我和锺韩的作文,嫌我写得太差,狠狠地打了我一顿。那时大伯早已故去,他可以公然打我。那一次,我觉得很丢人,从此发愤,不光读小说,正经地学起国学来,到现在,宋以后集部的书,几乎都读过了。

"去年秋末冬初,我给爹寄去《大公报》和《新月》杂志,告诉爹我近来文字大忙,爹非常高兴。可是我的一句话'孔子是乡绅,陶潜亦折腰',却使爹很生气,爹说,这类对古人不敬的话，看似名隽，其实轻薄。虽然在我可能是一时高兴，但是爹却十分担忧。所以爹在信中慨然写道，父母之于子女，责任有尽，意思无穷。现在外间物论，谓汝文章胜我，学问过我，我固心喜。然不如人称汝笃实过我，力行过我，我尤心慰！清识难尚，何如至德可师！淡泊明志，宁静致远，我望汝为诸葛公、陶渊明；不喜汝为胡适之、徐志摩……

"前两天你还没回来，我收到爹的著作《韩文读语》和《骈文通义》，还有陈衍老先生的诗作。对比了一下我正写的《中国文学小史》有关部分，给爹写了封回信，你看看。"

锺书说着又掏出一个信封，递给杨绛。杨绛抽出信，轻声念道："《骈文通义》词赅义宏，而论骈文流变，矜慎不苟，尤为精当！儿撰《文学史》中，有论骈俪数处，亦皆自信为前人未发；略贡所见以拾大人之阙遗。……即此一端，便征儿书之精湛矣！……前日又为《大公报·世界思潮》写一论史学文章，中间胜义，钩深探赜，亦实为儿书发凡起例也。儿诗拟于《文学史》脱稿后，编次付印一百小册，费二三十元，纸张须讲究，聊以自怡，不作卖品，尤不屑与人争名也！"

杨绛念完信，抬头看着锺书探询的目光，笑道："只有你这么不谦虚！"

看着锺书脸上露出孩子般顽皮的笑意，杨绛又说：

"张申府先生主编《世界思潮》是再好不过的人选了。他最早和李大钊一起宣传马克思和列宁的主张。后来去欧洲，思想锐敏，他评价你是天才，是清华大学最特出的天才。简直可以说，在全国，论天分学力，没一个人能赶上你。因为你的才力学力实在是绝对罕有。你看看，绝对罕有！同学们都说，北洋军阀中有龙虎狗三'杰'，清华外文系也有三杰，你是清华之龙，万家宝是清华之虎，颜毓蘅是清华之狗。又说文学院有三才子，按顺序排列是外文系的钱锺书，历史系的夏鼐和吴晗。"

钱锺书笑看爱人的夸赞，心里暖洋洋的。

"我忽然想起李高洁的翻译。他把苏东坡的诗用散文译成英文，失掉了中国旧有的文体之别。我还给他写了英文的序言，告诉他苏东坡虽然是一位美食家，却不是一位酒鬼；'苏子'不是'苏的儿子'；'东坡居士'也不是'退休的学者东坡'。不过，作为英国汉学家，能这样已经很不容易了。

"周作人先生的近作《中国新文学的源流》，说我国文学史是两种思潮之交互循环，其一为'诗言志'，其二为'文以载道'。事实上，在中国旧传统里，'文以载道'和'诗以言志'主要是规定各文体的职能，并非概括'文学'的界说。'文'常指散文或'古文'而言，以区别于'诗''词'。这两句话看来针锋相对，实则水米无干。好比说'他去北京''她回上海'。同一个作家既可以'诗言志'，也可以'文载道'。西方文艺理论输入以后，我们很容易把'文'理解为广义的'文学'，把'诗'理解为文学创作的精华，于是'去北京'和'回上海'，变成相互对立的命题了。传统文评里有它的矛盾，但这两句不算是矛盾的口号。对传统不够理解，就发生了这个矛盾的错觉。"

锺书越说越高兴，杨绛越听越耐心。两个人的对谈，渐渐变成了一个人的独白。锺书继续滔滔不绝。

"西洋人卡纳特写的《一种哲学的纲要》名不符实。其价值只在于个别新奇的比喻上面。

"西惠儿写的《美的生理学》，应用行为主义心理学理论进行艺术研究，认为艺术作为一种行为，可以用巴甫洛夫对狗的'刺激—反应'实验来予以分析。文艺批评可以而且应当借助于实验或归纳科学的方法与成果，正如瑞恰慈在《文学批评原理》中说的，文学批评要达到精确性，就应当借助于科学特别是心理学与生物学的方法。伊斯脱曼在《文心》中，用瑞士心理学家皮亚杰的儿童发生认识论，来研究近代诗的难懂，就具有独创性。西惠儿年少气盛，大胆却不细心，挖苦前辈多而坚实自己的论证少，对科学实事求是的方法卖弄多、学习态度少，气壮而理不直。

"比我高两级的曹葆华，没毕业就出版了诗集《落日颂》和《灵焰》。对《落日颂》，余冠英、春霖都赞不绝口。我却觉得没他们说得那么好。

"其实曹诗有'情'而无'持',不够细腻。在他的诗里,你看不见珠玑似的耀眼的字句,你听不见唤起你腔子里潜伏着的回响的音乐。他不会搔你心头的痒处,不能熨帖你灵魂上的疮痛。虽然很有原始的力量,但结果不是举重若轻,而是举轻若重,显得很笨拙。

"非文学作品只求能读,而文学作品则既要能读,还要能重读。曹诗的不足之处就在于不耐读,禁不得水磨工夫,只能学猪八戒吃人参果的方法,囫囵吞下去。曹诗忽略字句推敲与修饰的技巧。结果,缺少的是插在衣襟上的鲜花,多余的是镶在牙齿上的黄金,使作品在总体上失去有机感谐调感。

"比喻就是割截的类比推理。所比较的两件事物中间,至少要有一点相合,并且要能贴切。作诗的人要心思锐敏,能见到'貌异心同'的地方,抓住常人所看不到而想得懂的类似之点,创造新的比喻。曹诗的用喻不是散漫便是陈腐,便是离奇。在格调、意象、结构、景物与情感等方面,曹诗都不免单调与重复。

"但曹诗也有很可贵的地方。那就是具有神秘主义色彩。而神秘主义正是中国旧诗所不具备的。要达到神秘主义,必须进行多年的性灵的滋养和潜修,直到从最微末的花瓣里窥见了天国,从最纤小的沙粒里看出了世界,一刹那间悟彻了人生。所以说,曹葆华最好的诗是他还没有写出来的诗,长寿就是他的天才。

"格莱格的书《大卫·休谟传》,我读了二三遍。休谟创立了第一个系统的怀疑论哲学体系。英国哲学家格林是他的死敌,曾经极其猛烈地攻击休谟。莱尔德的《休谟之原人哲学》,是英文中讲休谟哲学讲得最详备的一部著作。休谟哲学的基本原则在于认为,一切知识与信仰的起点与终点全是现象,而一切现象则来自感觉;一切感觉都是零碎的、不相联系的、界限分明的。这就是感象论。

"休谟不仅是一位哲学家,还是一位多才多艺的人。他是史学家、文学家、政治家、经济学家、买空卖空的商人和猪。他生活在历史上最有趣的时代——18世纪,曾寄居于最有趣的国家——法国,又与最有趣的人——卢梭往来。休谟是好人但以做坏事为目的;非常用功但无补于人也无益于己;又谦虚又怕羞却绝不卑逊;虽离群索居却善于应酬;有热诚而不信宗教;讲哲学而不重真理;讲道德但不信理智而信本能;喜欢与女子调情,但决不使闺女的母亲发急,不使少妇的丈夫吃醋。同时,他也是一个讲实际而不重幻想的人,一个名心太重的人。

"我们评价古人时,不能一味地将'一切价值都重新估定'。假使一个古代思想家值得我们研究,我们应当尊敬他为他的时代的先驱者,而不应奚落他为我们时代的落伍者。打'死老虎'够得上什么好汉?

"我有时梦想着写一本讲哲学家的文学史。每读了一本文笔好的哲学书,这个梦想便在心上掠过。这本文学史是不会长的。一切把糊涂当神秘、呐喊当辩证、自登广告当著作的人,恐怕在这本梦想的书里是没有地位的——不管他的东西在书架上占据着多大的地位。你看,这本文学史是不能当人名字典或点鬼簿用的。

"英国的新实在论者摩尔,他的个性顶强烈,干净、斩截,清楚得透明。但一点不美,像秃头顶似的,缺乏暗示力,毫无含蓄;偶尔流露的幽默,也是一种枯冷的,只如瘪嘴人的苦笑。在表达方式上,他总是说一句退半句,仿佛吹喇叭送葬队伍中和尚或道士们迈的脚步,兜着数不清的圈子,很少直接痛快地一口气讲完。

"从摩尔到新黑格尔主义者布拉德莱,好像从深冬回到春天。布拉德莱的文章,是近代英国哲学家中顶精炼、质地顶厚、顶不易蒸发的。他把一节压成一句,把一句挤成一个字。他文笔的精警简约,表现为一种虚怯的勇:极紧张又极充实,好比弯满未发的弓弦,雷雨欲来时忽然静寂的空气,悲痛极了还没有下泪前一刹那的心境;更像遇见敌人时,弓起脊背的猫。他骂人的艺术,在于态度是同样的客气,说话是同样的不客气。他是一种奇特的混合物,雄辩而又谨慎,辛辣而又谦虚,大胆而又精细,在目标上雄心勃勃而在结论上却踌躇不前。

"罗素的文章风格最难捉摸,很难模仿。他的文章极自然,极不摆架子;顶平坦,顶没有阻力。有日常口语那样写意,却又十分文静。他像情人一般地颂赞数学的崇高和美丽。他的思想仿佛'圣经'中所说的风一样,'要到哪里,就到哪里'。他具有酒神的性情,太阳神的学问。

"与罗素相比,美国的实用主义者詹姆斯,因火气盛大而显得活泼,带一点粗野的气息。其风格是一种速度很快而并不流利的文笔,仿佛一条冲过好多石块的奔流。

"同是美国的批判实在论者桑塔亚那,则非常的多才多艺。他的诗里,他的小品文里,他的批评里,都散布着微妙的哲学,恰像他的哲学著作里,随处都是诗,随处都是精妙的小品文。在风格上,一种懒洋洋的春困笼罩着他的文笔,好像不值得使劲。他用字最讲究,比喻最丰富。

"《约德的自传》很令人失望。年纪轻轻就作自传,大部分是不会长进的表现,自传的要点在于描写,不在于解释;侧重在思想的微茫的来源,不在思想的正确理由。约德先生的著作,好比 Falstaff 的大肚子,它的量就是它的质。看过约德先生其他著作的人,不必再看这本有名无实的自传;单看了这本有名无实的自传,简直就不必再看约德先生其他的著作。

"西班牙当代哲学家加赛德的《现代论衡》认为,现代人不讲理性,不抱理想。他用绝对化的目光审视现代,认为现代是有史以来最奇特、最好或最坏、最吃紧的时代。其实,我们要谈时代的精神,不得不讲史观;讲到史观,就不容忽视史迹的演化;讲到演化,那么,形成现代的因子,早已潜伏在过去的时代中。好,不是现代的光荣;坏,

不是现代的耻辱。因为照史观看来,现代不过是收获着前代所撒布下的种子,同时也就是撒布下种子给后代收获,在本身是说不上是非好坏的。

"加赛德教授以为,一个时代中最根本的是它的心理状态,政治状况和社会状况不过是这种心理状态的表现。这一点我以为不无理由。一般把政治状况和社会状况认为是思想或文学的造因的人,尤其要知道这个道理。政治、社会、文学、哲学至多不过是平行着的各方面,共同表示出一种心理状态。至于心理状态之所以变易,是依照着它本身的规律,相反相成,相消相合,政治、社会、文学、哲学跟随这种规律而改变方式。从前总认为时代决定精神,若照以上观点看来,其实是精神决定时代。"

杨绛听完这一段议论,忍不住说道:"锺书,我怎么听着有点乱呀!"

钱锺书扶了下眼镜,说道:"一点也不乱!不过,咱们还是换个话题吧!"

锺书抚摸着杨绛的手,继续说下去。

"史学的难关不在将来而在过去。因为,说句离奇的话,过去也时时刻刻在变换。我们不仅把将来理想化了来满足现在的需要,我们也把过去理想化了来满足现在的需要。在福禄特尔的时候,中世纪从文化上看,黑暗得像白纸一样,而碰到现代理想制度崩溃,'物质文明'膨胀,思想家又觉得中世纪是文化史上最整齐严肃、最清高的时代了。

"历史上的事实可分为两类,一类是野蛮的事实,一类是史家的事实。一切历史上的事实,拆开了单独看,都是野蛮的。到了史家手里,把这件事实和别的事实联系起来,于是这件事实有头有尾,是因是果,便成了史家的事实了。因为历史理象比不得自然现象,既不能复演,又不能隔离,要断定彼此间关系的性质,非常困难。往往同一事实,两个史家给它以两种关系,而且都'持之有故,言之成理',我们为谨慎起见,只能唤作史家的事实。

"佛流格尔在《衣服的心理》一书中说,衣服并非起源于人类保护身体或遮羞的天然需要,而是起源于人类好装饰、好卖弄的天性。人类既喜欢卖弄,又喜欢掩饰,衣服便是这两者的一种委曲求全的折中产物。佛流格尔的见解非常赏心悦目,横看成岭,侧看成峰。他还说,美容有两项内容:一是烘,例如抹粉;二是托,例如点美人痣。烘云托月大多数是一件事的两方面,在云为烘,在月则为托,是交相为用的。美容的特征在于:要面子而不要脸。

"时髦之所以时髦,就在于它的不甚时髦,或说不甚流行。一件东西真变成时髦或流行了,那就不足为奇。换句话说,那就不时髦了。

"我们都说,'打狗要看主人面'。那么打猫呢?我说,打猫要看主妇面了……"

钱锺书把他的博学杂识,一股脑地尽情倾注到杨绛的耳朵中,眼睛里,手指上……

在以后的日子里,杨绛的心中,总是回荡着锺书的低回吟唱:

> 已息人天籁,
> 而无车马音。
> 数铃闻偶语,
> 众窍答还沉。
> 久坐槛生暖,
> 忘言意转深。
> 颠风明白渡,
> 珍取此时心。

……

第十五章

欢天喜地

1935年夏天的一个"黄道吉日",无锡城七尺场的钱家大院,张灯结彩,披红挂绿,亲朋盈门,爆竹震天。邻里街坊都围在门前交头接耳,脸上挂着羡慕的笑意。

"这是钱家长公子……"

"就是大少爷!"

"是清华毕业的大学士!"

"是讲师,是上海光华大学的讲师,听说又是破了例了。"

"阿先这孩子,硬是有福气,数学没分也上了清华。"

"就说是,这福气全堆在他一家了。你们看,这女方又是杨家的四小姐。"

"哪个杨家?"

"数遍咱们无锡城,还有哪个杨家?杨荫杭的女公子!眉清目秀,也是一肚子好学问。"

"你们快看,这不是锺韩吗!如今也长得人高马大,那肩那背,像扇门板似的,那脑子里的学问,像大海一样,咱们这太湖怎么比呀?"

"不知道又有多少官宦人家瞄上他了呢,恨不能早把闺女嫁给他。"

"你说的不时兴了，现在这些在外面的人，都讲究自由恋爱！"

"要说还是钱大少爷有福气，人家远在千里之外，自由到一个近在咫尺的邻居，又都出身名门，正像戏中唱的'门当户对，珠联璧合，举案齐眉，郎才女貌……'"

"不对，这最后一句应该改作'双才双貌'才对！"

"你们看！如今这几个孩子都长大了，变了模样了，走起路来斯斯文文的，不像小时候一块上学时候那样了，那时候有多顽皮呀！"

"咳！快看。这几个陌生人，可能是锺书大学时的同学。"

"好像是锺书大学里的同事。"

"不对，是基博先生的同事！"

"你才不对呢！基博先生和锺书在同一个大学里教书，基博先生的同事当然也是锺书的同事啦！"

"快看快看！那个老头就是陈衍，听人家叫他陈石遗，是作诗的领袖。"

"旁边那个老头我认得，也是作诗的，叫金松岑。"

"怎么没见到杨荫杭。"

"早进去了。你来这么晚，还想看得着？"

"这几个我见过，是乡下的大户。"

"又过来几个。穿洋装的，你们说是谁呀？"

"别都摇头呀。我说是杨家的朋友。"

"我猜是基博先生的朋友。"

"别争了,本城的乡绅来了。"

"基厚的同事,'清风茶墅'老人堂的风云人物。"

"后边没人了,真的看不见了。"

"里边响大挂鞭了!"

"我耳朵不聋,别在我耳边大声喊!"

"天真热,他们家怎么偏偏选这么个日子?"

"热闹热闹,又热又闹;热闹热闹,越热越闹。"

"今天怕是今年最热的一天了。"

"……"

钱家大院里、大厅上,挤满了贺喜的人。钱锺书身穿黑色礼服,白色衬衣,杨绛身披拖地长裙婚纱,双双面对着无数的亲朋嘉宾,脸上洋漾着幸福的微笑。由于天气太热,新郎新娘全都汗流满面。钱锺书白衬衣的硬领,被汗水浸得又黄又软。时间一长,新人新娘,提花篮的小女孩,提婚纱的小男孩,一个个都像刚被警察抓获的扒手。酷暑蒸腾着浩浩荡荡的喜庆队伍,走出钱家大院走入教堂,庄严片刻之后,又走回钱家大院。宾客席上,亲朋好友,开怀畅叙。

陈衍、金松岑、杨荫杭、钱基博、钱基厚、县长围成一桌,觥影交错,频频举杯,但却是说的比喝的多,比吃的更多。

县长放下杯说道:"天赐一对佳丽,天赐无锡一份骄傲。正是钱杨两府两位江南才子,锺书一家一对留洋学生。"

金松岑听了县长的话,哈哈大笑。

"荫杭啊,你闺女真正是才子家女,从你这个江南才子家,出嫁到基博这个江南才子家,本人又是才貌兼优,真不知是你杨家有福气呀,还是钱家有福气。"

县长接过来说道:"两家都有福气,带得咱们地方也有福气。你看那些孩子,有多少以他们为楷模,一心向上,学而有成。咱们无锡人才辈出,地方发展,断不能埋没这几大家族的潜移默化之功!"

听了县长的话,陈衍不以为然地笑了笑,转头冲其他人说道:"以我的眼光看来,锺书天分极高,只学宋诗就够了,没必要再学其他的诗。中国文学博大精深,学文学又何必向外国去学呢?咱们中国文学不就很好吗?"

县长立刻接上去说道:"不然!若论只学宋诗,锺书很难学过您老先生。若论学中国文学,锺书很难超过基博先生。锺书之所以为锺书,其过人之处就在于没有固守同光体诗人的路子,而是从唐宋到明清,博采众长,自成一家。在文学上,比勘中外史籍、哲论、诗歌、小说,真可谓打通中西,独辟蹊径,达至别一桃花源。在文艺评论上独树一帜。"

杨荫杭听了县长对锺书的赞扬，心里十分舒服，微微一笑说道："我看他的小说天才，也是罕有其比。每次闲聊，我都发现锺书对人、对事的观察很细致，而且谈吐幽默，尤其是比喻用得好，又准确又妥帖。他总是乐呵呵的，很超脱，人与人的关系把握得很好。"

基博听了亲家的话，赞同地点着头说道："锺书从小看小说，后来又迷西洋小说，学得又杂。在清华念书时，写回家的信上常常有对老师、同学的描写，写得很生动，很有趣。"

金松岑这时忍不住问道："听说清华留他当老师他不肯，留他读研究生他也不肯？"

杨荫杭笑道："论起当老师，一来亲家身体欠佳，希望锺书能在他身边；二来光华大学破格聘他当讲师。所以自然不取清华。论起读研究生，一来，正如锺书所说，'整个清华，没有一个教授有资格充当钱某人的导师'。这样说话确实有点狂，陈福田教授就很不满意，说他'这话未免有点过分了'。倒是吴宓教授最厚道，最宽恕，他说'学问和学位的修取是两回事，以钱锺书的才智，他根本不需要硕士学位。他还年轻，瞧不起清华大学的现有西洋文学教授也未尝不可'。其实，教授中也有一个很狂的，就是外文系主任王文显，他说，他所教的学生都不会成大器。话说远了，再说不读研究生的第二个原因，大概是清华有个规定，只有外文系的学生和毕业生，不送出去留学。第三嘛，可能是季康读三年级，他反而读一年级，心里老大的不舒坦。"

金松岑一听哈哈大笑："你这下可是点着题了，岁数大一年的反要当小女婿了！都是闺女讲的吧？哈哈哈哈。"

等金松岑笑过之后，基厚严肃地环视了一下周围，压低了声音说道："我想，锺书之所以离开清华，还有一个更重要的原因。"

众人见基厚如此严肃认真，不由地都放下了酒杯，静听基厚述说："1931年九·一八事变，日本帝国主义对我国东北悍然发动进攻，东北三省沦陷，华北岌岌可危。一直到1933年，学生请愿、游行从未间断，清华的教学秩序几乎不能正常维持。锺韩他们学校也是这样。这些大学生忧心国事，怎能再安坐于教室之中。锺书这一届的清华学生，大多不等到毕业就纷纷离校，踏上工作岗位，投入到社会的洪流中，投入到抗日爱国的洪流中。所以，锺书大学四年，前三年考试都是第一名，这最后一年却没有成绩……"

县长听到基厚的话越说越长，止不住咳嗽一声，打断他的话："荫杭先生，听说贵千金这次回乡结婚也是没等到毕业。"

杨荫杭明白县长的意思，忙接过来说道："是呀是呀！锺书考取了公费留学资格，马上要去英国，可他一个人照顾不了自己，只能让小女赶快回乡结婚，然后自费留学，两人结伴去英国。可是时间来不及等到毕业,小女与教授商量好了,用一篇论文代替大考,这样就提前一个月毕业回乡了。"

一边听着亲家说话,基博一边悄悄地叮嘱弟弟基厚:"还是少说点国事吧!"

基厚失望地看看眼前的几个人,默不作声地转过头去看锺书,还有锺书的同学、朋友。

陈衍听了半天,这时不无酸意地说道:"锺书他们这一代,凡事都是西方的好。锺书给我讲过,他的一个老师叶公超就对他说过,'你不该进清华,你应该去牛津'。还有一个老师吴宓,还写过一首诗,名叫《牛津大学风景总叙》,锺书也抄给过我,我记得是这么写的——

> 山辉水明秀,天青云霞轩。
> 方里极群校,嶙峋玉笋繁;
> 悠悠植尖培,赫赫并堞垣。
> 桥屋成环洞,深院掩重门;
> 石壁千年古,剥落黑且深。
> 真有辟雍日,如见泮池存;
> 半载匆匆往,终身系梦魂。

基厚听陈衍念完诗,急忙告诉他:"锺书考上的正是牛津大学,埃克塞特学院,读英国文学!"

"什么？埃克塞特？"

杨荫杭在一旁也笑了："您不懂，这是英文，学院的名字。"

"噢！"

基厚看看陈衍若有所悟的样子，不禁笑道："搞不懂就算了。今年考试，应考庚款的人大多是西装革履，而锺书依旧是布鞋布袍，不改本色，但考试成绩之优使外国教授也大感意外，竟不敢信其为真。在录取的各科二十四名学生中，锺书得了最高分，平均成绩是 87.95 分，第二名只有 77.80 分，相差悬殊。"

基博听了弟弟的话，心中得意，嘴上却说："倒不盼他成什么家，倒是立人正本最重要。在光华大学两年里，人都说，'他的口才、学识、讲课的水平不在乃翁之下'，我实际上是在和自己的儿子比赛。"

"听说和他同住一屋的一位青年教师顾献梁，有一次正在埋头苦读一本文学批评史，锺书一看便说：'这本书我以前念过，不知道现在还记不记得了？你抽出一段考考我看。'顾献梁半信半疑，挑了几段难懂的。一念开头，锺书便整段整段地背下去，而且十之八九都正确无误。如是者多次，令顾拜服不已。"

基博带些忧虑地说道："这正是我担心的。他爱一逞小技，我叫他'默存'，可就是不能'默存'。"

金松岑笑着打开折扇，狠命地扇了几下，说道："年轻人意气风发,写诗要有点激情,写文章也要'敢'字当头,少点'默存'也无不可,倒是才名更广,诗文也写得更好,基博兄还有什么不满足的呢?去年放春假,锺书和叶公超、张荫麟、许振德去山东春游,写的一组《北游纪事诗》,正好少了点'默存'!"

基博不由叹道:"先儿在清华读书四年,未做一次旅游,到上海光华才半年,便'企取东风晴十日,今年破例作春游',愈发地不默存了。"

金松岑又是哈哈一笑,说道:"说起来荫杭兄不必得意,谁不知道锺书是去清华,看那位仍在读书的未婚妻呀!"

陈衍面露得意之色。

"那天我正在国专讲课,收到《北游纪事诗》,眼前活脱脱的是一个为情所感的青年形象。他看到春光明媚,百花初放,泰山如砺,黄河如带,行进在济南玉泉山道中,怎不吟诵——

> 遥山一角抹微云,
> 日暖风迟水有纹。
> 只少花迎与柳送,
> 江南春色可平分。

"他们登上五岳之尊的泰山,凭吊泰庙,看着那庙堂

周围荒凉的厢房,看着那倾斜残旧的法器,他写出了最好的一首诗:

> 寝庙荒凉法器倾,
> 千章黛色发春荣。
> 最宜老杜惊人句,
> 变雅重为《古柏行》。

金松岑听得兴奋起来,接口说下去。

"锺书看着那痴憨可掬的嬉春女伴,个个羞如桃花含苞,灿若梨花烂漫,心情十分愉快,想起心上人之才貌出众,自然十分自喜:

> 分飞劳燕原同命,
> 异处参商亦共天。
> 自是欢娱常苦短,
> 游仙七日已千年。

"说到与诸师友喝酒,锺书最是可乐:

> 最厌份多酒入唇,
> 看人斟酌亦酪酊。
> 自惭蕉叶东坡量,

众醉休嗤学独醒。

陈衍指指金松岑的扇子,暗示他不要把桌上的东西扫下去。然后接着说道:"我仔细读了《中书君诗》,其中《秋杪杂诗》十四首绝句,多缘情凄婉之作,警句如——春阳歌曲秋声赋,光景无多复一年。巫山已似神山远,青鸟殷勤枉探看。如此星辰如此月,与谁指点与谁看。判将壮悔题全集,尽许文章老更成。春带愁来秋更病,等闲白了少年头……"

基厚听着二老谈诗,心中有点不耐烦,悄悄对基博和县长说道:"可惜徐彦宽故去,少了许多海阔天空的谈吐。"

基博听了,顿生感慨:"你我与彦宽,自称师门三杰。彦宽去后,为其出资发表,印制文稿,自是分内之事。我让先儿为《复堂日记续录》作序,谁知他对彦宽的学问发了一番议论,明褒暗贬,还假谦真傲地说自己的'寒产之思,赴笔来会,不能自休;生本南人,或尚存牖中窥日之风,丈人哂之邪?抑许之邪?'真是得意得很!"

县长听了击节轻声喝彩。

"真令人想起写《滕王阁诗序》的王勃!"

金松岑听见了基博的话,也插进来喝彩:"这正是锺书的好处。出手就不凡,挥枪便有威!"

基厚见众人的目光都转向自己这边,便说道:"锺书在光华,除担任教职外,还兼任英文《中国评论周报》的编辑，还在英文月刊《天下》上发表文章。中文的有《上家大人论骈文流变书》《论俗气》《论不隔》《论复古》，自印了《中国文学小史》。锺书的口才和文笔都很锋锐，当此国家多事之秋，要不是他去牛津留学，我真要鼓励他做些社会上的工作。对锺韩，我就很鼓励他走入社会，联系社会……"

县长听了，忙咳嗽一声，说道："这些年轻人，都是国家的栋梁，未来的希望。一看他们，我们都老了！"

这时，年轻人的席上传来阵阵欢笑声。只见锺书又在那里口若悬河，不知在逗什么能呢！杨绛在一边羞红着脸，一会儿，又大大方方地说几句话。

男士们言语滔滔，女士们也没有片刻的安静。那边席上，最惹人注目的是杨绛的三姑妈杨荫榆，她全身上下是白夏布的衣裙，脚上穿的也是白色的皮鞋，虽然高雅，但在这种红火的场合，让人很不舒服。旁边坐着的是锺书的母亲，喜笑颜开，一改往日的沉默寡言和严肃谨慎。再旁边是杨绛的母亲，也是精神健朗，满面红光，暂时忘却了痛失爱子的苦楚。其他几位，有县长夫人，有老先生的太太，还有乡绅的太太。

这一天闹得很累，很舒心。这一天的夜，月明星稀，通彻九天。几个用人悄悄地躲在新房外面，偷看着玻璃上透出的亮光。不知道这对新人，在红烛摇曳的灯影里，在心跳如鼓的静夜里，将怎样吟诗作赋。

第十六章

船出上海

轮船起了锚,锺书和杨绛站在船舷上,伸展双臂,不停地向岸上送别的亲友们挥舞着,嘴里发出对方听不见的喊声。周围交错着同样的喊声,喊声湮没在一起,谁也听不清喊的是什么。只有杨绛手中的小手绢,清晰而动情。

船经过很长时间才慢慢地离开码头,既给人以延长留恋故土亲人的时间,而加深不舍的离恨,又给人以迟滞希望到来的时间,而产生等待的烦躁。终于,船头指向海天一线的江口,遥遥而去。

"天真热呀!"

锺书迎着江风,贪看着浦江两岸的洋楼民宅。杨绛下意识地给锺书扶扶领子,关切地问道:"有点凉了吧?"

锺书默默地摇摇头,杨绛接着说道:"结婚刚几天呀,咱们就这么匆匆忙忙地上了路,这一路上,有的热呢!"

锺书回过头来,看着心爱的妻子,带有几分歉意地说道:"没办法,要赶去开学嘛!现在最快的是飞机,一来不安全,二来也不方便。再有就是火车,辗转万里,中间还要搭汽车,还是轮船来得方便、舒适。"

杨绛温顺地握住丈夫的手,她觉出丈夫的手心中,有一股男子因成熟而产生的力量——实力与自信的混合体，中间略带几分狂傲。虽然从结婚那天起，锺书常穿西装，但在杨绛的眼睛里，在英气勃发中仍不免有点怪怪的。于是杨绛打趣道："你还真怪有洋味的！"

锺书也笑了。

"人都说，'丈母娘看女婿，越看越欢喜''老汉子看小妻，越看越美丽'，你倒好，老婆看老头，越看越觉得没出息。"

"看你臭美的！"

"臭美不臭美，自有公婆论。"

"这倒新鲜！"

"对儿媳妇又喜欢又嫉妒，是说，媳妇好儿子也算好，只喜欢不嫉妒是说，媳妇好儿子不好；不喜欢光嫉妒是说，儿子好媳妇不够好；既不喜欢也不嫉妒就是宣布，儿子媳妇都不好！"

杨绛听了不由笑道："这都是些什么呀？像绕口令一样。"

"多绕两圈就明白了。'不识庐山真面目，只缘身在此山中'，多走几圈，即使身在此山中，也知'横看成岭侧成峰，远近高低各不同'了。"

"高瞻远瞩，一目了然，可比你在里面绕圈子快多了。"

"所以读书必先读序。现在有些书无序无跋无缘起，不给读者以导读,我猜出版商或编辑者,直至书籍出版时对该书还是丈二和尚摸不着头脑。"

"或许有难言之隐,不便明说。"

"既然能出版,就应有勇气明说!"

"怪不得你们家人说你吃了痴姆妈的奶,有痴气。整天'痴癫不拉''痴舞作法''呒着呒落'……"

锺书也笑了:"咱们无锡话所谓'痴',包括很多意义。像什么疯、傻、憨、稚气、淘气等等。"

杨绛给锺书拉了拉领子,说:"也许你的'痴气'和公爹的憨厚耿介是一脉相承的。我看过你家的旧照片,弟弟们都精精壮壮的,只有你瘦弱,慈眉善眼的一幅忠厚可怜相。"

锺书举起胳膊握紧拳:"你看,我现在不是很健壮。中华武术,蒙古摔跤,日本柔道,西洋拳击,这些虽然不会,但谁敢欺侮我,定当报以一顿老拳。"

杨绛笑着拉下锺书的拳头,轻声说道:"人家都在看你呢!听说痴姆妈的死和我有关?"

"咱们结婚前,姆妈特地买了一只翡翠镶金戒指,准备送给你做见面礼。有人哄她说那是假货,把戒指骗走了。姆妈知道上当了,气得大发疯,不久就去世了,所以你始终没见到她。"

"听说姆妈单身一人,把你当亲儿子一样照顾。"

"是的,我是吃姆妈的奶长大的。我上学去了苏州以后，姆妈就去照顾别的弟弟，但和我的感情还是最亲的，隔不断的。每次回家，她都非常高兴。"

钟书顿了顿，见杨绛凝视着水面，知道她在专注地听自己讲述，于是接下去说道："小时候小姨哄我说，伯母抱来一个南瓜，成了精就是我。还正颜正色地嘱咐我切莫告诉我娘。我心里虽然知道她是在哄我，但也免不了真有点儿怕自己是南瓜精……"

听钟书回忆小时候的故事，杨绛觉得十分有趣，联想到自己，不禁轻声一笑。钟书讲着讲着，见杨绛笑得那么天真，不禁止住话头，问道："你笑什么？"

"我笑公爹，像他那样一本正经的人，还偷看我写给你的信。"

钟书释然一笑："中国老子自然因循中国传统，吃多少墨水也是家长制。"

"他还悄悄给我写信！"

"那年毕业回家，我把你的情况和家里人一说，都很同意。我爹自然更是关心，这不，很痛快地就把我托付给你了。古语说，好事多磨。西方也赞成，坚贞的爱情，美好的姻缘，需要经受严格的考验，可你我二人太一帆风顺了。"

"这就叫天作之合。天公看你读书太辛苦，没时间受磨难，一发善心，就让你捡了个便宜。当年我们就订了婚。"

"还是你捡便宜。你爸爸可没悄悄写信,坦然将你交给我。"

"我爸爸才不会偷看你写给我的信呢!说起来,你也真够心狠的,说走就走,把我一个人抛在北平,一下子就是两年。"

"你以为我就好受?"

"现在好了,咱们不用'不堪无月又无人,兀坐伶俜形影神'了。"

锺书拉了下杨绛的手,悄声说道:"你看那几个洋人,船才开出没多久就坐不住了,总围着那个南洋女子转。"

"哪个女子?"

锺书悄悄伸手一指。

"就是靠在船栏杆上的,那个富有曲线的女子,现在又向咖啡屋走去的那位。"

"你怎么知道是南洋女子?"

"你看那样子就知道,皮肤微黑,健壮而有弹性,衣着较少,曲线外露,表情欢乐大方,口形不是中国话。"

杨绛想起锺书在毕业那年不肯随班里同学去日本的事,便打趣道:"当然更不可能是挂着'日本国徽'——单眼皮的日本女子了!"

锺书也觉得十分有趣,说道:"挂在脸上的总比挂在嘴上的国粹文明一点。你看那几个中国人,我一看他们的口形,就知道他们在骂人。"

杨绛悄声笑道:"那你看那几个外国人的口形在说什么?"

"那几个指点南洋女人的洋人在说:'真漂亮''美人''真是东方美人'……"

"我也看出来了,的确在夸她是'东方美人'。"

锺书看着眼前的洋人,忽发一笑。

"但愿学院的旁边没有兵营。在上海时,我们的宿舍楼旁边是一片旷野,旁边紧邻着外国兵营。那里是吹角呜呜,自朝达暮,真是鬼号连天,尤其是在斜阳弄色、炊烟远起的时候,我正悉心读书,或欣赏佳景,一听到角声,便心烦意乱,恨不能像小时候拿起弹弓,射倒吹角的号手。"

"或者你拿本书,去和他们讲讲道理。"

锺书一听,禁不住大笑起来,笑过之后,看着船边翻起的浪花,再循着波纹向远处望去,一只手不由地抓住杨绛的肩膀,向自己身边拉紧。

"季康,船出海了!"

杨绛也留恋地看着渐渐退去的陆地,话语带上了几分哽咽:"不知要多久才能回来。"

锺书望向船头,望向正前方的海面,忽然一笑:"去了北平颐和园的万寿山,才知道太湖之广阔,到了大海之上,才知道太湖之微小。上中学那年,我和爹爹、四叔、锺韩一起游太湖,船到湖心,真以为置身大海,体验到了大海的辽阔胸怀，其实还是井底之蛙。你看，海岸已成一线，即将消失在无垠的海洋上，我们变得多么渺小。"

杨绛偎着锺书，再次为他拉紧衣领。他们任凭海风吹拂，任凭阳光抚摸。在锺书的眼前，浮现出恩师吴宓赠送的诗句，这些诗句既是赞美，又是鞭策，更是他必须达到的人生目标：

> 才情学识谁兼具，
> 新旧中西子竟通。
> 大器能成由早慧，
> 人谋有补赖天工。
> 源深顾赵传家业，
> 气胜苏黄振国风。
> ……